PROJEKTE KALENDER

INDIVIDUALITÄT

ZEITMANAGEMENT

NOTIZBUCH

KREATIVITÄT

SELBST-
MANAGEMENT

FLEXIBILITÄT

IDEE

Mein Bullet Diary

SELBSTGEMACHT

Bullet Journal

- Tagebuch
- Ziele
- Termine
- Freiheit
- Adressbuch
- All-in-one System
- Gedanken
- Spaß
- Kreativität
- Produktivität
- Keine Grenzen
- Projekte
- Individualität
- Lebensplanung
- Kalender
- Notizbuch
- Zeitmanagement
- Selbst-Management
- Flexibilität
- Idee

Termine hier, Einkaufslisten dort, Essens- und Urlaubsplanung – und wo habe ich nur wieder meine Notizzettel mit den heutigen Aufgaben und den wichtigen Kontaktdaten?

So erging es mir Ende 2016 und ich begab mich auf die Suche nach einem passenden Kalender für das kommende Jahr, der sich all meinen Bedürfnissen anpasste. Doch in den üblichen Schreibwarenläden wurde ich nicht fündig. Stellte ich zu hohe Ansprüche oder war ich zu unstrukturiert? Allerdings wollte ich auf gewisse Punkte auch nicht verzichten und mich nicht den handelsüblichen Kalendersystemen anpassen. Denn das hätte bedeutet, weiterhin Notizzettel zu schreiben und zu suchen. Schluss damit!

Im Internet stieß ich bei meinen Recherchen nach einem passenden Kalendersystem auf den Begriff »bullet journaling« und ab diesem Moment war ich verzaubert. Genau das war es, was ich überall gesucht, aber nicht gefunden hatte.

Kein vorgefertigtes System mit festen Seitenaufteilungen, sondern so flexibel und vielfältig wie das eigene Leben. Es passt sich meinen Bedürfnissen, meiner Freude, meinem Zeitkontingent, meiner Lebensplanung und meiner Kreativität an. Es gibt kein richtig oder falsch – es gibt nur meins. Von clean und simple bis hin zu üppig und bunt. Alles ist machbar.

»Mein Bullet Diary« soll auch Ihnen dabei helfen Ihr eigenes Kreativbuch zu entwickeln. Ganz nach Ihren Bedürfnissen und Ihren eigenen Vorstellungen. Es hilft Ihnen bei den ersten Schritten, zeigt Ihnen verschiedene Layouts und Gestaltungsmöglichkeiten, gibt Ihnen einen kleinen Einblick in die Welt des Handletterings und am allerwichtigsten: Es soll Ihnen Lust machen, selbst den Stift in die Hand zu nehmen und das Leben und alle darin vorkommenden Erlebnisse zu planen und festzuhalten; nicht nur Termine und Adressen.

Ich freue mich darauf, mit Ihnen zusammen in die Welt des Bullet Diarys einzutauchen und hoffe, dass ich Sie mit diesem Buch inspirieren kann. Ich würde mich freuen, wenn Sie mir Ihr persönliches Kreativbuch und die darin entstandenen Layouts zeigen. Wenn Sie mögen, posten Sie Ihre Ergebnisse auf Instagram mit dem Hashtag #happylieediary!

Schnappen Sie sich Ihr Notizbuch und legen Sie los.

Ihre Nathalie

Inhaltsverzeichnis

Kapitel 1

Das Phänomen Bullet Journal 6

Was ist ein Bullet Journal? 7

Begriffskunde 8

Materialien für Ihr Bullet Diary 11

Kapitel 2

Das Abenteuer beginnt 18

Das Inhaltsverzeichnis 20

Die Legende 22

Die Jahresübersicht 26

Die Monatsübersicht 30

Die Wochenübersicht 34

Die Tagesübersicht 38

Tracker, Listen und Co. 42

Der Gewohnheits-Tracker 44

Der Gefühls-Tracker 48

Der Schlaf-Tracker 52

7 Tage voller Achtsamkeit 56

Der Gewichts-Tracker 60

Der Essensplan 64

Die Finanzübersicht 66

Der Haushaltsplan 68

Die Urlaubsplanung 70

Erinnerungen festhalten 75

Die Adressliste 78

Der Geburtstagskalender 80

Der Bücher-Tracker 82

Weihnachts-Countdown und -geschenke 84

Filofaxing und Co. 88

Kapitel 3

Grenzenlose Kreativität 94

Vorlagen 106

Impressum 144

Das Phänomen Bullet Journal

Ein Notizbuch bringt Ordnung in Ihr Leben

Der Megatrend »Individualisierung« ist seit einigen Jahren in aller Munde. Jeder Einzelne von uns besitzt eine eigene Vorstellung von dem, was das Leben darstellen und bringen soll. Wünsche und Ansprüche an das eigene Leben sind mittlerweile so vielfältig wie zu keinem Zeitpunkt zuvor.

Genau hier trifft das Phänomen des Bullet Journals den Nerv der Zeit. Dieses kann Sie auf ganz individuelle Art und Weise unterstützen, Ihr Leben selbstbestimmt zu gestalten und zu planen. Schluss mit dem Zettelchaos, etlichen To-Do-Listen, Apps zum Kalorientracken, Erinnerungsfunktionen für Termine, ständigem Beschäftigtsein, ohne dabei wirklich etwas zu erreichen, und unstrukturierten Plänen und Notizbüchern.

Diese Vielfalt und eine Kultur der Wahl bringen auf der einen Seite viele Freiheiten mit sich. Auf der anderen Seite bedeutet dies aber auch, dass wir unser Leben gut durchdacht planen und organisieren müssen, um im Zeitalter der Individualisierung nicht den Überblick und unsere Ziele aus den Augen zu verlieren.

Es bietet zudem an Kreativität und Gestaltungsmöglichkeiten keinerlei Grenzen. Es ist Ausdruck Ihrer Persönlichkeit und passt sich Ihrem Leben an. Ein rundum Sorglospaket, ganz auf Ihre Bedürfnisse zugeschnitten. Keine App oder ein anderes digitales Gadget kann Ihnen diese Freiheiten bieten. Denn gerade jetzt im Zeitalter der Digitalisierung geht der Trend zurück zum Analogen und Papier und Stifte erleben eine neue Renaissance.

Was ist ein Bullet Journal

DAS SYSTEM HINTER DEM NAMEN

Der Erfinder des Bullet Journals, auch Bujo genannt, ist Ryder Caroll, ein Digital Product Designer aus den USA: Seine Idee war es einen Ort zu entwickeln, der genügend Platz für alle Notizen, Termine, Aufgaben und Gedanken bereit hält. Ein analoges, flexibles System, in dem sich jeder individuell ausleben kann. Es gibt keine Vorgaben, keine Einschränkungen.

Die Stärke des Bullet Journals ist, dass dieses den Wunsch nach Individualität mehr als alle anderen Organisationssysteme bedient. Egal, ob Sie sich kreativ austoben möchten, es lieber minimalistisch mögen, Ihre Gewohnheiten visualisieren und Projekte planen möchten oder doch »nur« ein System benötigen, um Ihre Termine zu organisieren: Alles ist machbar!

Es gibt keine Grenzen.

Dieses flexible System passt zu jedem einzelnen von uns. Egal, ob Schüler, Student, Hausfrau/-mann, Angestellte oder Selbstständige. Es ist ein Kalender, der gemeinsam mit Ihnen durchs Leben geht und sich problemlos vielen verschiedenen, wechselnden, kreativen, neuen und besonderen Anforderungen anpasst.

Es hilft Ihnen, Ihre Aufgaben zu organisieren, To-Do's zu erledigen, Ihre Ziele zu verfolgen und Ihre Produktivität zu steigern, ohne unnötige Zeit zu verschwenden oder den Faden zu verlieren.

Kurz gesagt ist ein Bullet Journal eine kreative Mischung aus Kalender, Notizbuch und To-Do-Liste. Sie können darin Ihre Vergangenheit verfolgen, die Gegenwart organisieren und Ihre Zukunft planen. Ein All-in-one-System – ganz nach Ihren Bedürfnissen!

> Werde Herr über das eigene Chaos

Key, Future Log und Co.

Eine kleine Begriffskunde

Bevor Sie in das Abenteuer Ihres eigenen Bullet Diarys starten, sollten Sie sich mit den wichtigsten Begrifflichkeiten vertraut machen. Da der Trend, wie bereits auf der vorherigen Seite erwähnt, aus den USA kommt, werden englische Begriffe verwendet. Was diese genau bedeuten erfahren Sie hier:

Bullet Journal Auch Bujo genannt. Dieser Begriff steht als Synonym für eine produktive und kreative Zeit- und Lebensplanung.

Bullet Hiermit sind die Grundelemente des entwickelten Systems gemeint: die Aufzählungszeichen, auch Bullet Points genannt. Jedem Aufzählungszeichen ist eine eigene Aufgabe / Eigenschaft zugeschrieben.

Journal Ein Journal ist nichts anderes als ein Tagebuch. Denn in diesem halten Sie Ihre täglichen Erlebnisse und Gedanken fest.

Dotted Mit diesem Begriff ist das sogenannte Punktraster in einem Notizbuch gemeint. Die Punkte helfen Ihnen gerade zu schreiben und fallen kaum auf. Je nach Hersteller werden Sie diese mit unterschiedlichen Abstandsbreiten finden.

Rapid logging Hiermit bezeichnet Ryder Caroll die Sprache, in dem das Bullet Journal geschrieben ist. Diese besteht aus Themen, Seitenzahlen, kurzen Sätzen und den Punkten (Aufzählungszeichen) und unterstützt Sie dabei, Ihr Leben und alles, was Sie beschäftigt, schnell zu protokollieren. Denn beim Bullet Diary geht es, wie bereits erwähnt, um eine produktive Zeit- und Lebensplanung.

- ☐ Aufgabe
- ◨ In Arbeit
- ○ Termin
- ! Wichtig
- 💡 Idee
- ♡ Familie

Page numbers Ein sehr wichtiges Element des Bullet Diarys sind die Seitenzahlen. Diese helfen Ihnen, gemeinsam mit Ihrem Inhaltsverzeichnis, den Überblick über alles zu behalten, was sich in Ihrem Bujo befindet. In einigen Notizbüchern sind die Seiten bereits vornummeriert. Sollte dies nicht der Fall sein – kein Problem. Das lässt sich mit einem Stift ganz leicht selbst nachholen.

Index Das Inhaltsverzeichnis ist eine der Bausteine des Bullet Diarys. Es hilft Ihnen den Überblick über all Ihre Themenbereiche zu behalten und diese schnell zu finden. Grundvoraussetzung ist dabei, dass Sie es regelmäßig aktualisieren.

Key Ein weiterer Grundbaustein des Organisationssystems von Ryder Caroll. Sie können sich diesen als Legende oder Symbolverzeichnis vorstellen. Er beinhaltet Ihre individuell festgelegten Aufzählungszeichen und deren Bedeutungen. Ohne ihn funktioniert kein Bullet Diary.

Future Log Die Jahresübersicht hilft Ihnen den Überblick über Ihre Termine, Pläne, Aufgaben und Ereignisse zu behalten. Diese migrieren im Laufe der Zeit in Ihre Monats-, Wochen- oder Tagesübersichten. Ebenso beinhaltet die Jahresübersicht Ziele, die Sie sich gesetzt haben.

Monthly Log Die Monatsübersicht hilft Ihnen den Überblick über Ihre Termine, Pläne, Aufgaben und Ereignisse zu behalten. In diese werden alle Termine eingetragen, die sich bereits in Ihrer Jahresübersicht befinden. Es können weitere Termine dazukommen. Zudem können Sie hier auch monatliche Ziele festlegen.

Behalte den
DURCHBLICK

Weekly Log / Daily Log Mit der Wochenübersicht planen Sie alles was in der kommenden Woche ansteht. Termine, die bereits in der Monatsübersicht stehen, werden in diese übertragen. Auch einzelne Tagesübersichten sind möglich.

Migration Dieser Begriff bezeichnet das Reflektieren und Übertragen von Aufgaben. Eingetragene Termine aus der Jahresübersicht werden in die Monatsübersicht verschoben. Aus dieser wandern sie im Anschluss in die Wochenübersicht. Sie können aber auch den Weg zurück finden. Am Ende jeder Woche reflektieren Sie Ihre nicht erledigten Aufgaben. Werden sie nicht mehr benötigt, streichen Sie diese. Sind sie noch aktuell übertragen Sie sie in die kommende Woche bzw. dorthin, wo sie benötigt werden. Klingt komplizierter, als es wirklich ist.

Collections In den sogenannten »Sammlungen« haben Sie ausreichend Platz für alles, was in Ihrem Leben wichtig ist. Egal, ob Sie eine Reise oder einen Umzug planen, die nächste Party ansteht oder Sie bereits eine Wunschliste für Ihren Geburtstag anlegen möchten: Seien Sie gut organisiert und starten Sie in Ihr Abenteuer.

Tracker Hier können Sie alles festhalten, was es zu dokumentieren gilt. Egal, ob es sich um Ihre Gewohnheiten (habbit tracker), Ihre täglichen Gefühle (mood tracker) oder um Ihren Schlafrhythmus (sleep tracker) handelt. Auch Ihre Lieblingsserien können getrackt werden. So verpassen Sie definitiv keine Folge mehr.

ENJOY YOUR LIFE

Materialien für Ihr Bullet Diary

Für Ihr persönliches Kreativbuch benötigen Sie nicht viele Materialien: ein Notizbuch, einen Stift und ein Lineal. Lieben Sie es jedoch kreativer werden Sie sehr schnell auch allen weiteren Dekorationsmaterialien wie bunten Stiften, Stempeln, Washi Tapes, Stickern, Notizzetteln oder auch Schablonen verfallen.

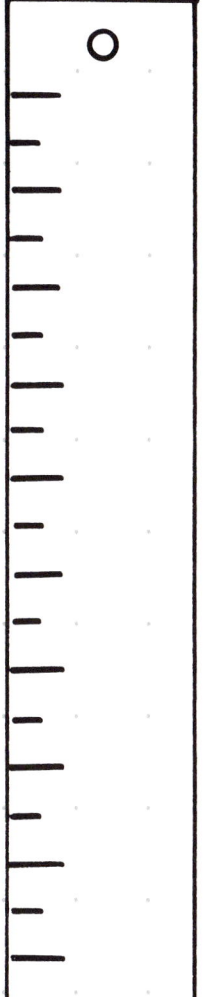
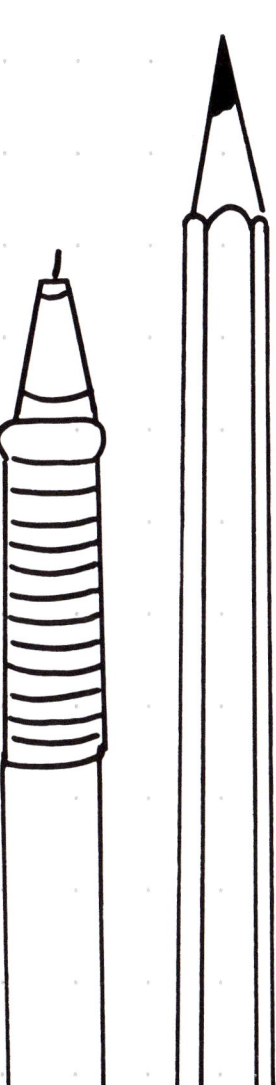

Notizbücher Davon kann man nie genug besitzen. Es gibt sie in zahlreichen Ausführungen. Von der niedrigen bis zur hohen Preiskategorie. In liniert, kariert, blanko oder dotted, A4, A5, A6 etc. Für welches Format Sie sich entscheiden, liegt ganz bei Ihnen. Ich persönlich würde Ihnen ein Notizbuch im Format B5/A5 empfehlen. Somit haben Sie ausreichend Platz für alle Ihre Gedanken, Termine und Projekte und Sie können es in fast jeder Handtasche verstauen und mitnehmen.

Achten Sie beim Kauf auf die Papierqualität des Notizbuches. Sind die Seiten zu dünn werden die Stifte womöglich auf der Rückseite durchbluten. Ich empfehle Ihnen mindestens eine Papierstärke von 80 g/m².

Fineliner Ich liebe diese Stifte und sie sind aus meinem Alltag nicht mehr wegzudenken. Denn sie schreiben wesentlich besser als Kugelschreiber, haben eine feinere Spitze und eine hohe Lichtbeständigkeit. Es gibt sie in allen möglichen Farben und Strichstärken. Ich nutze für mein Bullet Journal die Stärken zwischen 0,1 mm und 0,7 mm. Zum Schreiben am häufigsten 0,3 mm, für Rahmen 0,5 mm.

Möchten Sie in Ihrem Bullet Journal mit Aquarellfarben arbeiten so achten Sie darauf, dass Ihre Fineliner nicht nur lichtbeständig, sondern auch wasserfest sind.

Lineal Die Nutzung ist optional. Wenn Sie Ihre Layouts ordentlich, gerade und mit gleichmäßigem Abstand erstellen möchten, dann empfehle ich Ihnen ein Lineal mit einer Länge von mindestens 20 cm oder ein Geodreieck©. Aber auch freihändig zeichnen ist möglich.

Bleistift Ein guter Bleistift ist sowohl für Anfänger als auch für Profis unverzichtbar: egal, ob Sie ein neues Layout ausprobieren oder einen Habbit Tracker anlegen möchten. Mit dem Bleistift und einem Radiergummi lassen sich Fehler ganz leicht korrigieren. Achten Sie beim Kauf darauf, dass Ihr Bleistift gut in der Hand liegt, nicht kratzt oder gar schmiert. Ein HB Bleistift eignet sich hierfür perfekt.

Radiergummi Neben dem Bleistift ein weiteres wichtiges Tool. Achten Sie beim Kauf darauf, dass Ihr Radiergummi nicht schmiert oder gar das Papier zerstört.

Soweit einmal die Grundausstattung. Sollten Sie es kreativer mögen, werden Sie im Laufe der Zeit auch sicher einige der folgend genannten Materialien ausprobieren wollen:

Stifte Ich liebe Stifte, Stifte und noch einmal Stifte. Es gibt sie in allen möglichen Ausführungen. Und ganz ehrlich: Man kann nie genug Stifte besitzen.

Filzstifte und Marker Für farbige Akzente, kleine Doodles oder einfach nur, um Highlights zu setzen, sind Filzstifte eine gute Wahl. Mit Markern lassen sich wichtige Notizen oder Überschriften hervorheben.

Brushpens Wenn Sie sich längere Zeit mit dem Thema Bullet Diary auseinandersetzen, werden Sie irgendwann auf das Thema Handlettering und auf Brushpens stoßen. Diese sind nichts anderes als Filzstifte mit einer beweglichen Pinselspitze. Mit ein wenig Übung und Ausdauer lassen sich so die tollsten Überschriften oder Motivationssprüche zeichnen.

Buntstifte / Aquarellstifte Auch mit diesen Stiften lassen sich wunderbar kleine Details, farbige Akzente oder Letterings gestalten. Die Aquarellstifte lassen sich mit einem Wassertankpinsel oder auch mit einem handelsüblichen Pinsel und etwas Wasser sehr schön verwischen. So können Sie Ihrem Layout zum Bespiel einen zarten Aquarellhintergrund verpassen.

Nutzen Sie die letzten beiden Doppelseiten in Ihrem Notizbuch als Stifte-Test-Seite. So können Sie sehr schnell feststellen, welche Stifte für Ihr Bullet Diary geeignet sind und welche durchbluten oder das Papier zerstören. Dadurch habe ich mir schon so manches Layout gerettet.

Washi Tape Dieses Trendmaterial stammt aus Japan und bezeichnet ein Dekorationsband, das auf der einen Seite einen haftenden Klebstoff besitzt. Die andere Seite ist unterschiedlich gestaltet, über pink und türkis bis hin zu Schriften, Ornamenten oder Glitzer. Die Auswahl ist riesig und Ihrer Fantasie somit keine Grenzen gesetzt. Kleben Sie einmal einen Rahmen aus Washi Tape um Ihr Layout. Sie werden sehen, dieses erhält dadurch eine ganz andere Anmutung.

Stempel und Stempelfarbe Stempel sind nicht nur in Büros oder Arztpraxen zu finden. Es gibt sie mittlerweile in allen Formen und Wunschmotiven. Egal, ob Holzstempel oder Clear Stamps (Stempel aus Silikon). Sie sind wahre Designobjekte und aus dem Bullet Diary nicht mehr wegzudenken. Mittlerweile gibt es eine Vielzahl an Planerstempeln, wie zum Beispiel Buchstaben, Zahlen, Kalendarien oder verschiedene Icons.

Sticker Wer kennt sie nicht? Sticker gab es bereits in unserer Kindheit. Heutzutage gibt es sie abgestimmt auf verschiedene Thematiken wie Jahreszeiten, Hochzeit, Geburtstag und vieles mehr.

Schablonen Diese helfen uns Buchstaben, Kreise oder Kurven zu zeichnen.
Es gibt sie in jedem gut sortierten Schreibwarenladen.

Sticky Notes Haftnotizen kennen wir alle. Sie sind in vielen verschiedenen Farben erhältlich. Für die Planer-Welt gibt es sie auch in ganz unterschiedlichen Formen. Zum Beispiel als Kaffeebecher, Mond oder als japanische Geisha. Ich nutze diese gerne als Dekorationsbilder, ähnlich wie Sticker.

Paper Clips Mithilfe der klassischen Büroklammer lassen sich Fotos, Eintrittskarten oder auch wichtige Dokumente in Ihrem Bullet Diary befestigen. Somit haben Sie diese im richtigen Zeitpunkt dabei und müssen keine Angst davor haben, dass sie Ihnen aus dem Buch rutschen. Ich nutze sie auch gerne als Markierung der aktuellen Woche/des heutigen Tags.

Diese Liste wird Ihnen sehr lang erscheinen. Aller Wahrscheinlichkeit nach beinhaltet sie aber bei weitem nicht alle Dekorationsmaterialien, die Sie für Ihr Bullet Diary verwenden können. Aber wie bereits mehrfach erwähnt: Ganz alleine Sie entscheiden, welche Materialien Sie in Ihrem Kreativbuch verwenden möchten. Alles kann – nichts muss!

let the adventure begin ...

Das Abenteuer beginnt

Genug der Theorie. Lassen Sie uns loslegen. Schnappen Sie sich Ihr Notizbuch und einen Stift. Schritt für Schritt zeige ich Ihnen auf den nächsten Seiten, wie Sie sich Ihr eigenes Bullet Diary erstellen können. Von einfachen Layouts, Trackern, Sammlungen bis hin zu dekorativen Schmuckelementen.

Das Inhaltsverzeichnis

MATERIAL

Bleistift HB
Radiergummi
Lineal
Fineliner in Schwarz, 0,3 mm
Vorlagen S. 106/107

1 Schlagen Sie Ihr Notizbuch auf Seite 2/3 auf. Sollte Ihr Notizbuch keine Seitennummerierung besitzen, so nummerieren Sie die ersten 40 Seiten händisch. Dies sollte für den Anfang genügen.

2 Zeichnen Sie mithilfe Ihres Lineals und des Bleistiftes auf beiden Seiten ein langgezogenes Rechteck. Achten Sie hierbei darauf, dass zu den Seitenrändern ein gleichmäßiger Abstand besteht. Das Rechteck hilft Ihnen dabei, dass die Überschrift zentriert auf Ihrer Seite angelegt wird.

3 Geben Sie den beiden Seiten die Überschrift »Inhalt«. Sollten Ihnen die englischen Begriffe besser gefallen, können Sie natürlich auch diese verwenden.

Falls Sie ein Notizbuch mit vorgefertigtem Inhaltsverzeichnis besitzen, können Sie gleich mit dem Layout der »Legende« beginnen (siehe Seite 21).

Ich verwende in diesem Layout für die Überschrift langgezogene schmale Druckbuchstaben. Sollten Sie ein Notizbuch mit Punktraster besitzen helfen diese Punkte Ihnen dabei, dass die Buchstaben gleich hoch und schmal werden.

4 Erstellen Sie unterhalb der Überschrift das Grundgerüst für Ihr Inhaltsverzeichnis. Dieses setzt sich aus den zwei Untertiteln »Seite« und »Thema« zusammen. Setzen Sie zwischen die beiden Begriffe eine gestrichelte Trennlinie.

5 Sind Sie mit Ihrem Entwurf zufrieden, können nun alle Wörter mit einem Fineliner nachgezeichnet und die Bleistiftstriche entfernt werden.

Mögen Sie Ihr Layout ein wenig aufwendiger, so zeige ich Ihnen in den nächsten Schritten, wie Sie dieses sehr einfache, minimalistische Layout ganz leicht aufpimpen können.

6 Geben Sie Ihrer Überschrift einen Rahmen. Hierzu eignet sich zum Beispiel ein Banner.

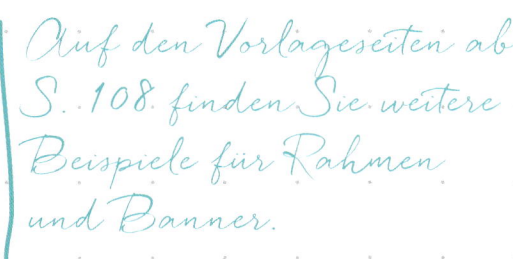

Auf den Vorlageseiten ab S. 108 finden Sie weitere Beispiele für Rahmen und Banner.

7 Zeichnen Sie nun einen großen Rahmen um die Wörter »Seite« und »Thema«. Nutzen Sie hierzu Ihr Lineal.

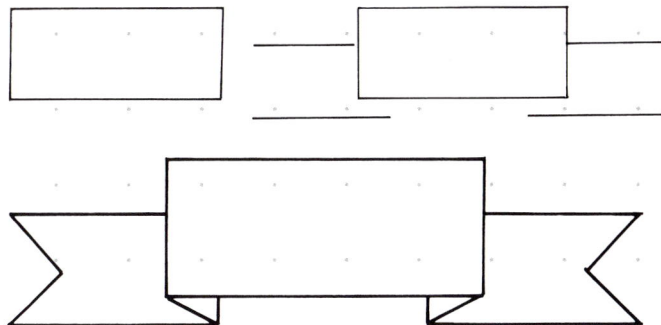

8 Sind sie mit Ihrem Entwurf zufrieden, zeichnen Sie alles mit dem Fineliner nach. Entfernen Sie im Anschluss alle Bleistiftstriche mit dem Radiergummi.

9 Zu guter Letzt setzen Sie in das Banner einige schwarze Streifen. Das lässt dieses gleich viel plastischer erscheinen.

legende

- • Aufgabe
- × Erledigt
- ○ Termin
- > Verschoben
- < Geplant
- — Notiz
- * Wichtig

legende

- • Aufgabe
- × Erledigt
- ○ Termin
- > Verschoben
- < Geplant
- — Notiz
- * Wichtig

Die Legende

Wie Sie bereits in Kapitel 1 erfahren haben, ist die Legende eines der wichtigsten Bausteine in Ihrem Kreativbuch. Sollten Sie sich bisher noch keine Gedanken gemacht haben, welche Aufzählungszeichen Sie verwenden möchten, so zeige ich Ihnen im Folgenden die von Ryder Caroll festgelegten Symbole.

MATERIAL

Bleistift HB
Radiergummi
Lineal
Fineliner in Schwarz, 0,3 mm
Vorlagen S. 115

1 Schlagen Sie Ihr Notizbuch auf Seite 7 auf.

2 Zeichnen Sie mit einem Bleistift und der Hilfe des Lineals ein langgezogenes Rechteck auf diese Seite. Achten Sie hierbei darauf, dass zu beiden Seitenrändern ein gleichmäßiger Abstand besteht. Das Rechteck soll Ihnen dabei helfen, die Überschrift zentriert auf Ihrer Seite zu platzieren.

3 Skizzieren Sie das Wort »Legende« in das Rechteck hinein.

4 Legen Sie im Anschluss unterhalb der Überschrift Ihr Symbolverzeichnis an. Es besteht aus folgenden Aufzählungszeichen:

•	AUFGABE	steht für eine Aufgabe.
×	ERLEDIGT	steht für eine erledigte Aufgabe.
○	TERMIN	steht für einen Termin.
>	VERSCHOBEN	bedeutet, dass eine Aufgabe / ein Termin verschoben wurde.
<	GEPLANT	bedeutet, dass eine Aufgabe / ein Termin geplant ist
—	NOTIZ	steht für eine Notiz / einen Gedanken.
✱	WICHTIG	erhöht die Wichtigkeit einer Aufgabe, einer Notiz oder eines Termins.

Sie werden sehr schnell feststellen, welche Aufzählungszeichen Sie benötigen und welche Sie streichen können. Sie können die Legende durch beliebige viele Symbole ergänzen und deren Bedeutungen persönlich festlegen.

Ein kleines Symbolverzeichnis zur Inspiration finden Sie auf Seite 139.

5 Sind Sie mit ihrem Layout zufrieden, so zeichnen Sie alle Elemente mit einem schwarzen Fineliner nach. Zeichnen Sie ebenfalls die obere und untere Linie des Rechteckes nach, in das Sie die Überschrift hinein gezeichnet haben. Entfernen Sie im Anschluss die sichtbaren Bleistiftstriche mit einem Radiergummi.

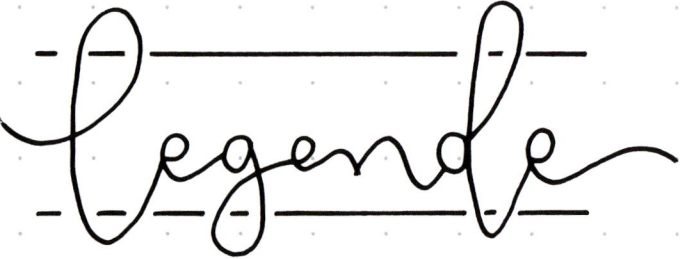

6 Blättern Sie nun zu Ihrem Inhaltsverzeichnis zurück. Tragen Sie dort Ihre Legende ein.

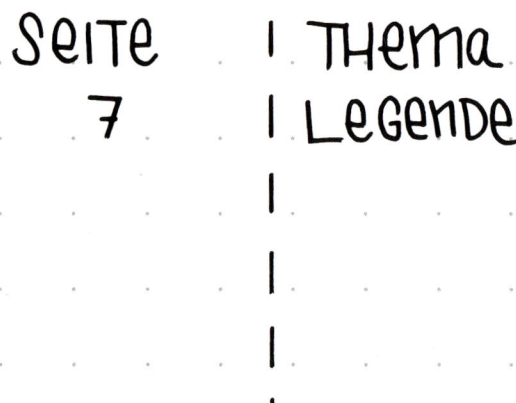

Auch dieses minimalistische Layout lässt sich wenn sie mögen ganz leicht mit wenigen Handgriffen ausschmücken. Was halten Sie von Blättern und Beeren?

Zusätzliche Materialien:

Buntstift in Purpurrosa
Buntstift in Laubgrün

7 Fahren Sie mit einem Buntstift in der Farbe Purpurrosa alle abwärtsverlaufenden Buchstabenstriche des Wortes »Legende« nach.

8 Zeichnen Sie im Anschluss um die Aufzählungszeichen einen Rahmen.

9 Skizzieren Sie immer abwechselnd innen und außen an diesen Rahmen kleine Blätter. Achten Sie hierbei auf einen gleichmäßigen Abstand.

10 Sind Sie mit Ihrer Vorlage zufrieden, fahren Sie die Blätter und den Rahmen mit dem Fineliner nach.

11 Malen Sie die Blätter in der Farbe Laubgrün aus. Setzen Sie zu guter Letzt mit dem purpurrosanen Stift einzelne Punktansammlungen zwischen die Blätter. Diese stellen die Beeren dar.

Und fertig ist Ihre persönliche florale Legende.

Die Jahresübersicht

Kommen wir zum ersten Bestandteil eines klassischen Kalenders: der Jahresübersicht. Sie können auf einer Doppelseite zwischen zwei und zwölf Monate anlegen. Ich habe mich bei meinem Layout für vier Monate entschieden. Sie können dies aber ganz nach Ihren Bedürfnissen variieren.

Materialien:

Bleistift HB
Radiergummi
Lineal
Fineliner in Schwarz, 0,3 mm
Vorlagen S. 116/117

1 Schlagen Sie Ihr Kreativbuch auf Seite 8 auf. Teilen Sie diese Seite mithilfe des Lineals in zwei gleich große Spalten. Wiederholen Sie diesen Vorgang auch auf Seite 9.

2 Zeichnen Sie in jede Spalte ein Rechteck. In dieses schreiben Sie den Monatsnamen hinein. In meinem Beispiel kürze ich diese auf die ersten drei Buchstaben ab. Sie können hier aber selbstverständlich auch den vollständigen Namen ausschreiben.

3 Unterhalb der Monatsbezeichnung legen Sie nun den jeweiligen Kalender an. Schreiben Sie zu allererst die Anfangsbuchstaben für die einzelnen Wochentage in eine Zeile. Ich verwende in meinem Beispiel die englischen Begriffe.

4 Unterhalb der Wochentage tragen Sie nun die einzelnen Kalendertage ein. Seien Sie hier besonders konzentriert. Fehler können sich leicht einschleichen und sich dann über die folgenden Monate fortsetzen.

5 Sind Sie mit dem vorgezeichneten Ergebnis zufrieden, fahren Sie alles mit einem Fineliner nach. Im Anschluss entfernen Sie die sichtbaren Bleistiftstriche mit einem Radiergummi.

6 Ziehen Sie zu guter Letzt eine Trennlinie zwischen beide Monate. Achten Sie darauf, dass diese nicht bis zum Ende der Seite verläuft. Lassen Sie unten ca. ¼ der Seite frei.

7 Blättern Sie zurück zu Ihrem Inhaltsverzeichnis und tragen Sie dort Ihre Jahresübersicht ein.

Seite	Thema
7	Legende
8 – 9	Jahresübersicht 01/18 – 04/18

Auch dieses sehr einfach gehaltene Layout lässt sich durch den Einsatz einiger zusätzlicher Materialien verändern. Bleiben wir beim floralem Thema. Dieses Mal verwende ich allerdings Kakteen.

Zusätzliche Materialien:

Fineliner, 0,3 mm, wasserfest
Optional: Aquarellfarben

8. Ziehen Sie einen Rahmen um die Kalendarien. Markieren Sie die Wochentage mit einem Brushpen. Setzen Sie zudem eine Trennlinie zwischen Monatsnamen und Kalender.

MÄR

Sollte Ihnen trotzdem ein Fehler passieren und Sie haben keinen Bleistift zum Vorzeichnen verwendet, so lässt sich dieser mithilfe eines Korrekturstiftes ganz einfach ausbessern.

9 Skizzieren Sie auf dem unteren Viertel beider Seiten unterschiedliche Kakteenarten oder verwenden Sie die Vorlage auf S. 116/117.

10 Sind Sie mit Ihren Entwürfen zufrieden, fahren Sie alle Elemente mit einem wasserfesten Fineliner nach. Entfernen Sie im Anschluss die sichtbaren Bleistiftstriche mit einem Radiergummi.

Möchten Sie Ihren Kakteen noch Farbe verleihen? Ran an die Farbstifte! Wie wäre es mit Aquarellfarben? Beginnen Sie immer mit dem hellsten Farbton und geben Sie nach und nach dunklere hinzu.

Es kann passieren, dass sich die Seiten Ihres Notizbuches durch das Wasser wellen oder die Farbe gar auf die nächste Seite durchdrückt. Testen Sie daher Ihre Aquarellfarben zuvor auf Ihrer Stifte-Test-Seite (siehe dazu auch Kapitel 1, Seite 16).

Und fertig ist Ihre Übersicht für die ersten vier Monate im Jahr 2018. Erstellen Sie nach der oben beschrieben Anleitung die fehlenden acht Monate auf den folgenden vier Seiten in Ihrem Bullet Diary. Die schmückenden Elemente können Sie nach Belieben verändern. Werden Sie kreativ.

Tragen Sie zu guter Letzt alle bereits bestehenden Termine, Geburtstage, Aufgaben etc. in Ihre Übersicht ein. Verwenden Sie hierzu die festgelegten Symbole aus der Legende.

Die Monatsübersicht

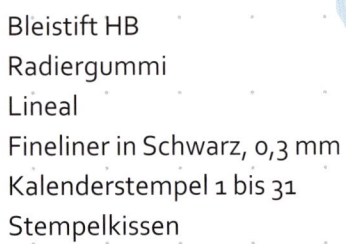

MATERIALIEN:

Bleistift HB
Radiergummi
Lineal
Fineliner in Schwarz, 0,3 mm
Kalenderstempel 1 bis 31
Stempelkissen
Vorlagen S. 118

1 Schlagen Sie Ihr Bullet Diary auf Seite 14/15 auf.

2 Zeichnen Sie mithilfe Ihres Lineals und eines Bleistifts ein langgezogenes Rechteck auf die linke obere Seite. In dieses skizzieren Sie die Überschrift »Januar« hinein.

Januar 2018

Auf den Vorlagenseiten 119-123 finden Sie weitere Alphabete, die Sie zur Gestaltung Ihres Bullet Diaries nutzen können.

3 Unterteilen Sie nun jeweils die rechte und linke Seite in vier gleich breite Spalten.

4 Zeichnen Sie im Anschluss gleich breite Zeilen ein. Wie viele Sie benötigen hängt davon ab, wie viele Kalenderwochen ein Monat besitzt. In unserem Beispielmonat Januar benötigen Sie fünf Zeilen.

5 In die achte Spalte tragen Sie in der ersten Zeile die Überschrift »goals« ein. In der dritten Zeile die Überschrift »To Do«. Nun können Sie hier alle wichtigen Monatsprojekte / -ziele und Aufgaben festhalten.

> *Sie können die Überschriften beliebig verändern – ganz nach Ihren eigenen Bedürfnissen.*

6 Wenn Sie mit Ihrem Layout zufrieden sind, nehmen Sie den Fineliner zur Hand und ziehen Sie alle Elemente sorgfältig nach. Im Anschluss entfernen Sie die sichtbaren Bleistiftstriche mit einem Radiergummi.

7 Nehmen Sie Ihre Kalenderstempel zur Hand und stempeln Sie in jedes Quadrat das passende Datum. Setzen Sie den Stempel immer abwechselnd oben links und rechts auf das Papier.

> *Achten Sie bei der Auswahl Ihres Stempelkissens darauf, dass es sich um wasserbasierte Pigment-Tinte handelt. Diese ist besonders gut für die Verwendung in Ihrem Bullet Diary geeignet, da sie kaum durchdrückt.*

> *Besitzen Sie keine Kalenderstempel so können Sie die Monatsübersicht auch händisch mit dem Fineliner durchnummerieren.*

8 Kehren Sie zu Ihrem Inhaltsverzeichnis zurück. Tragen Sie dort Ihre Übersicht für den Monat Januar ein.

Seite	Thema
7	Legende
8 - 9	Jahresübersicht 01/18 - 04/18
14 - 15	Monatsübersicht 01/18

> *Im Februar ist der 01. ein Donnerstag. Hier starten Sie mit dem Nummerieren in der ersten Zeile in der vierten Spalte.*

Dieses Layout lässt sich natürlich auch kreativer gestalten. In den nächsten Schritten zeige ich Ihnen eine von vielen möglichen Varianten.

Zusätzliche Materialien:

Filzstift in Schwarz
Fineliner in Blau

9 Lassen Sie uns Ihre Überschrift in ein schönes Handlettering umwandeln. Verdoppeln Sie hierzu mit dem Bleistift alle abwärtsverlaufenden Buchstabenlinien.

Januar 2018

Setzen Sie mithilfe des Bleistiftes kleine Markierungen in die Buchstabenbögen. Diese helfen Ihnen dabei die doppelte Kontur an der richtigen Stelle beginnen und enden zu lassen.

10 Füllen Sie die entstandenen Weißräume mit einem Filzstift aus. Achten Sie darauf, dass Sie nicht über die Ränder malen.

Die Weißräume müssen nicht komplett schwarz ausgefüllt werden. Auch Muster lassen sich gut hineinzeichnen. Wie wäre es mit Punkten oder Streifen? Oder einem farbigen Innenleben?

11 Zeichnen Sie in der letzten Zeile in den Spalten 5-7 die Wörter »happy«, »new« und »year« vor. Verwenden Sie hier die in den Schritten 9 und 10 erlernte Technik »faux calligraphie – falsche Kalligrafie«.

happy new year

12 Schreiben Sie auf der rechten Seite über den Rahmen der Monatsübersicht den Spruch »Follow your dreams« in großen Druckbuchstaben. Sind Sie mit dem Entwurf zufrieden, zeichnen Sie die Wörter mit einem Filzstift nach.

FOLLOW YOUR DREAMS

13 Schreiben Sie nun mit dem Bleistift erneut die Wörter »follow your dreams« an dieselbe Stelle. Dieses Mal verwenden Sie hierzu aber langgezogene Schreibschriftbuchstaben.

follow your dreams

14 Sind Sie auch hier mit Ihren Entwürfen zufrieden, so fahren Sie die Bleistiftstriche mit einem schwarzen Fineliner nach. Entfernen Sie im Anschluss alle sichtbaren Linien mit einem Radiergummi.

Sie können natürlich auch andere (Motivations-)Sprüche verwenden, die Ihnen gefallen.

15 Zu guter Letzt übertragen Sie alle wichtigen Termine, Aufgaben und Notizen aus Ihrer Jahresübersicht in die Monatsübersicht. Nun können Sie gut organisiert in den Januar starten.

Januar 2018

follow your dreams

goals

to do

happy new year

DIE WOCHENÜBERSICHT

Materialien:

Fineliner in Schwarz, 0,1 mm
Fineliner in Schwarz, 0,3 mm
Bleistift HB
Radiergummi
Lineal
Brushpen
Vorlagen S. 124

1 Schlagen Sie Ihr Notizbuch auf Seite 16/17 auf. Unterteilen Sie die linke Seite in sieben gleich breite Zeilen. Lässt sich die Seitenhöhe des Notizbuches nicht durch 7 teilen, so kann die oberste Zeile auch etwas schmaler gestaltet werden. Nutzen Sie hierzu Bleistift und Lineal.

2 Zeichnen Sie in die erste Zeile ein langgezogenes Rechteck. In dieses skizzieren Sie die Überschrift »Woche« in großen Druckbuchstaben hinein. Schreiben Sie neben das Rechteck das Datum der aktuellen Woche.

3 Schreiben Sie die Wochentage in die einzelnen Zeilen. Achten Sie darauf, dass in der letzten Zeile die Wochentage Samstag und Sonntag unter dem Begriff »Wochenende« zusammengefasst werden. Nutzen Sie hierzu eine schöne Schreibschrift.

4 Die rechte Seite unterteilen Sie im Anschluss in 2 gleich große Rechtecke. Diese verlaufen von Zeile 1 bis Zeile 3 und von Zeile 5 bis Zeile 7.

5 Sind Sie mit Ihrem Entwurf zufrieden, so zeichnen Sie alle Elemente außer den Überschriften mit einem Fineliner in der Stärke 0,3 mm nach. Für die Überschrift »Woche« nutzen Sie einen Brushpen. Für die Daten der aktuellen Woche verwenden Sie den Fineliner in der Stärke 0,1 mm.

6 Blättern Sie zurück zu Ihrem Inhaltsverzeichnis und tragen Sie dort Ihre Wochenübersicht ein.

Seite	Thema
7	Legende
8 - 9	Jahresübersicht 01/18 - 04/18
14 - 15	Monatsübersicht 01/18
16 - 17	Woche 01

Sie können das Layout der Wochenübersicht mit ein paar weiteren Handgriffen ebenfalls verschönern.

Zusätzliche Materialien:

Washi Tape
Notizzettel
Sticker

7 Zeichnen Sie mithilfe des Bleistiftes erneut das Wort »Woche« über die bereits bestehende Überschrift. Verwenden Sie hierzu langgezogene Schreibschriftbuchstaben.

8 Unterstreichen Sie alle Wochentage und setzen Sie, wenn Sie mögen, ein kleines Lettering auf Ihre Wochenübersicht.

9 Dekorieren Sie im Anschluss Ihre Seite nach Belieben mit Washi Tape, Stickern und Notizzetteln. Sollten Sie keine Notizzettel mit passenden Bezeichnungen besitzen so können Sie diese auch händisch eintragen.

10 Ziehen Sie alle Elemente mit dem Fineliner nach und entfernen Sie im Anschluss alle sichtbaren Bleistiftstriche. Setzen Sie zum Schluss mit dem Brushpen ein paar Schattierungen.

11 Übertragen Sie nun alle bereits anstehenden Termine, Notizen und Aufgaben aus der Monatsübersicht in die Wochenübersicht.

WOCHE 01   01.01.-07.01.2018

Montag

→ hallo 2018 ←

Dienstag

Thoughts

LOVE ♥

Mittwoch

Donnerstag

Freitag

Wochenende

Die Tagesübersicht

MATERIALIEN:

Fineliner in Schwarz, 0,3 mm
Bleistift HB
Lineal
Radiergummi
Vorlagen S. 125

1 Schlagen Sie Ihr Notizbuch auf Seite 18 auf. Zeichen Sie wie bereits bei den anderen Layouts gelernt zuallererst zwei Rechtecke. Verwenden Sie hierzu Bleistift und Lineal. In das erste Rechteck skizzieren Sie die Überschrift Ihrer Tagesübersicht hinein.

01. Januar 2018

2 In das zweite Rechteck zeichnen Sie sieben kleine Quadrate. Schreiben Sie unter jedes Quadrat den Anfangsbuchstaben der einzelnen Wochentage. Je nachdem welcher Wochentag gerade ist kreuzen Sie diesen an oder geben dem Quadrat eine Farbe.

☐ ☐ ☐ ☐ ☐ ☐ ☐
M D M D F S S

3 Zeichnen Sie im Anschluss links auf Ihre Seite einen Zeitstrahl. Dieser hilft Ihnen, Ihren Tag gut zu strukturieren. Hier können Sie zum Beispiel festlegen, um wie viel Uhr Sie zum Frühsport gehen, wann das wichtige Meeting ansteht oder das Treffen mit der besten Freundin / dem besten Freund zum Mädels- oder Männerabend.

4 Rechts vom Zeitstrahl legen Sie noch zwei weitere Rechtecke an. Eines dient Ihnen als Platzhalter für mögliche Notizen, das andere hilft Ihnen dabei, die Tagesaufgaben im Blick zu behalten.

5 Sind Sie mit den Entwürfen zufrieden, so zeichnen Sie alle Elemente mit dem Fineliner nach. Entfernen Sie im Anschluss alle sichtbaren Bleistiftstriche mit Ihrem Radiergummi.

6 Übertragen Sie nun alle anstehenden Termine und Aufgaben aus der Wochenübersicht in Ihre Tagesübersicht.

6
7
8
9
10
11
12
13
14
15
16
17
18
19
20
21
22

Nehmen Sie sich jeden Abend 5 bis 10 Minuten Zeit. Überprüfen Sie: Welche Aufgaben haben Sie geschafft und welche nicht. Sind die nicht erledigten Aufgaben noch aktuell, so übertragen Sie diese in die nächste Tagesübersicht. Falls nicht, streichen Sie sie. Sie werden merken: Im Laufe der Zeit wird sich Ihre Produktivität steigern.

8 Geben Sie den einzelnen Rahmen Schmuckelemente. Hierzu können Punkte, aber auch verschiedene Blätter- und Blütenarten dienen. Setzen Sie die Elemente in regelmäßigen Abständen innen und außen an Ihre Rahmen.

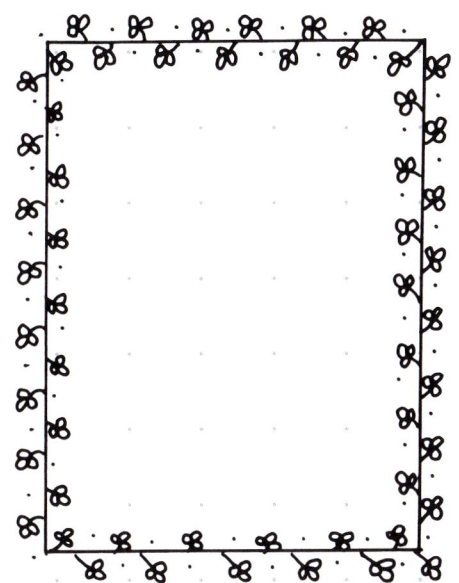

7 Gehen Sie zurück zu Ihrem Inhaltsverzeichnis und tragen Sie dort die erste Tagesübersicht ein.

Seite	Thema
7	Legende
8-9	Jahresübersicht 01/18 - 04/18
14-15	Monatsübersicht 01/18
16-17	Woche 01
18	Tagesübersicht 01.01.18

Auch dieses sehr schlicht gehaltene Layout lässt sich mit ein paar weiteren Handgriffen aufwerten. Sie benötigen ausschließlich einen Fineliner.

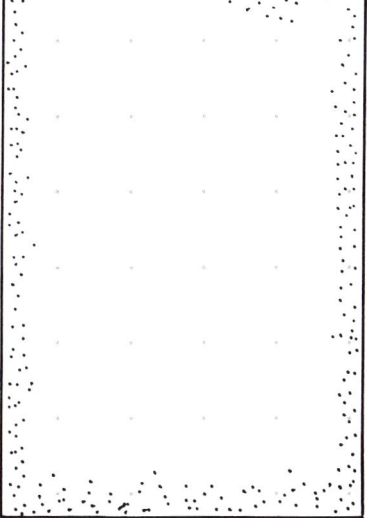

9 Sollten Sie den Platzhalter für die Notizen nicht benötigen, so können Sie diesen zum Beispiel für ein kleines Lettering, Sticker oder Sonstiges verwenden.

10 Abschließend geben Sie dem Tagesdatum einen Rahmen, indem Sie oberhalb und unterhalb eine Linie ziehen. Rechts und links neben das Datum setzen Sie ebenfalls ein Schmuckelement Ihrer Wahl.

11 Sollten Sie alle Elemente mit einem Bleistift vorgezeichnet haben, so fahren Sie diese nun mit einem schwarzen Fineliner nach. Entfernen Sie im Anschluss die Bleistiftstriche mit einem Radiergummi.

Tracker, Listen und Co.

Sie haben nun alle Grundelemente des Bullet Diarys kennengelernt und können somit in Ihr eigenes Diary-Abenteuer starten. Die von mir gezeigten Layouts können Sie ganz nach Ihren eigenen Bedürfnissen anpassen und variieren. Lassen Sie Ihrer Kreativität freien Lauf und versuchen Sie, eigene Layouts zu entwerfen. Sie werden sehen, es ist gar nicht so schwer.

Auf den nächsten Seiten möchte ich Ihnen ein paar weitere Anleitungen für Gestaltungselemente in Ihrem Kreativbuch zeigen. Diese können Ihnen zusätzlich helfen, Ihr Leben strukturierter und produktiver zu gestalten. Welche der Elemente Sie aber in Ihrem Bullet Diary verwenden, bleibt natürlich Ihnen überlassen!

Folgende Themenschwerpunkte finden Sie auf den kommenden Seiten:

- Bewusster Leben / Achtsamkeit
- Finanzen / Haushalt
- Urlaub und Erinnerungen
- Kontakte
- Verschiedene Listen und Sammlungen

Der Gewohnheits-Tracker

Tracker dienen, wie Sie bereits in Kapitel 1 erfahren haben, zum Beispiel dazu, unsere Gewohnheiten zu visualisieren. Dies kann uns dabei unterstützen, Routinen zu entwickeln, gewünschte Tätigkeiten in unseren Alltag zu integrieren und diese im besten Fall im späteren Verlauf als selbstverständlich wahrzunehmen. Welche Tätigkeiten dies sind, können Sie ganz individuell festlegen und jeden Monat neu anpassen.

Bevor Sie starten, möchte ich Sie darauf hinweisen, dass die folgende Anleitung ein sehr aufwendiges Layout beinhaltet.

Materialien:

Bleistift HB
Radiergummi
Lineal
Fineliner in Schwarz, 0,1 mm
Fineliner in Schwarz, 0,3 mm
Fineliner in verschiedenen Farben
Brushpen
Washi Tape
Große Kreisschablone oder eine kleine Schüssel
Vorlagen S. 126/127

1 Schlagen Sie Ihr Notizbuch auf der nächsten leeren Doppelseite auf. Das Layout besteht aus einem Handlettering auf der linken Seite und dem eigentlichen Tracker auf der rechten Seite.

2 Beginnen wir mit dem Handlettering. Nehmen Sie sich den Fineliner mit 0,3 mm Stärke zur Hand und ziehen Sie mithilfe einer großen Kreisschablone oder einer kleinen Schüssel einen Kreis auf der linken Seite. Achten Sie dabei darauf, dass Sie diesen zentriert auf der Seite anlegen.

3 Ziehen Sie im Anschluss drei weitere Kreise. Verschieben Sie hierzu die Schablone / Schüssel ein wenig nach oben, rechts, links oder unten.

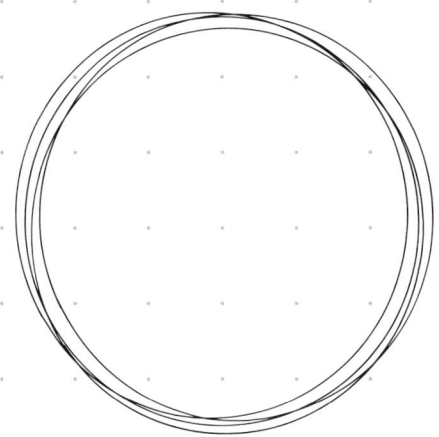

4 Skizzieren Sie nun mithilfe des Bleistiftes den gewünschten Spruch in die Mitte des Kreises. Für die Wörter »Jahr« und »Ich« verwenden Sie eine geschwungene Schreibschrift. Die Wörter »Neues« gestalten Sie in großen Druckbuchstaben.

5 Sind Sie mit der Skizze zufrieden, zeichnen Sie die Druckbuchstaben mit einem schwarzen Fineliner in der Stärke 0,3 mm nach. Für die geschwungenen Wörter verwenden Sie einen schwarzen Brushpen. Achten Sie bei den abwärtsverlaufenden Buchstabenlinien darauf, Druck auf die Pinselspitze auszuüben. Bei den aufwärtsverlaufenden Buchstabenlinien sollte die Pinselspitze leicht über das Papier gleiten.

6 Weiter geht es auf der rechten Seite. Zeichnen Sie zuallererst mithilfe des Bleistiftes und eines Lineals ein langgezogenes Rechteck auf Ihre Seite. In dieses skizzieren Sie die Überschrift »Januar Tracker«. Setzen Sie nun mithilfe des Bleistiftes bei allen abwärtsverlaufenden Buchstabenlinien eine doppelte Kontur.

> Das Schreiben mit Brushpens bedarf einiger Übung. Geben Sie daher nicht auf, wenn die ersten Versuche nicht perfekt werden. Sollte Ihnen der Umgang mit den Brushpens zu schwierig erscheinen, so können Sie hier auch die bereits gezeigte »faux calligraphie – falsche Kalligrafie« anwenden (siehe dazu auch »Anleitung zur Monatsübersicht« ab S. 80).

7 Überlegen Sie sich bevor Sie weiterzeichnen, wie viele Gewohnheiten Sie visualisieren und tracken möchten. Dies ist besonders wichtig, um den Tracker in der passenden Größe festzulegen.

8 Legen Sie den Außenrahmen Ihres Trackers mithilfe von Lineal und Bleistift fest. In meinem Beispiellayout für 10 Gewohnheiten benötigen Sie einen Rahmen von 12 cm Breite und 14,5 cm Länge.

9 Zeichnen Sie im Anschluss die Zeilen ein. Achten Sie hierbei besonders darauf, dass Sie diese immer abwechselnd breit einzeichnen. Setzen Sie sich hierzu am besten am äußeren Rahmen kleine Bleistiftmarkierungen. So kommen Sie beim eigentlichen Einzeichnen nicht durcheinander. Gehen Sie hierbei wie im Beispiel vor:

Achten Sie besonders darauf, dass Sie in den schmalen Zeilen keine senkrecht verlaufenden Linien einzeichnen.

11 Sie haben es fast geschafft. Zeichnen Sie nun nur noch in den breiten Zeilen eine Trennlinie ein. Achten Sie hierbei darauf, dass diese Trennlinie nur über die schmalen Spalten verläuft. Die erste Spalte unseres Trackers wird nicht geteilt.

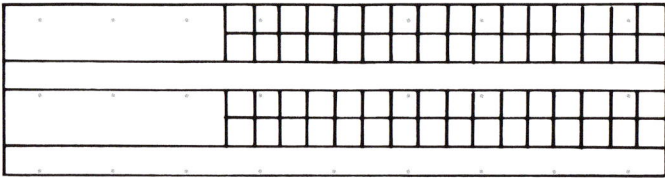

10 Beginnen Sie nun von links nach rechts mit dem Einzeichnen der benötigten Spalten. Die erste Spalte zeichnen Sie mit einer Breite von 4 cm auf. Alle anderen Spalten sind nur 0,5 cm breit.

Pro Gewohnheit benötigen Sie eine Zeilenbreite von 1 cm. Zwischen zwei Gewohnheiten lassen Sie eine Zeile mit einer Breite von 0,5 cm frei. Anhand dieser Daten können Sie sich nun ausrechnen, wie viel cm Länge Ihr persön-licher Tracker benötigt. In der Trackerbreite benötigen Sie mindesten eine Länge von 12 cm.

12 Tragen Sie in die erste Spalte die jeweiligen Tätigkeiten / Gewohnheiten ein. In die darauf folgenden 32 kleinen Quadrate schreiben Sie die Zahlen 1 bis 31.

13 Ziehen Sie im Anschluss alle Bleistiftstriche mit dem schwarzen Fineliner in 0,3 mm Stärke nach. Für die Zahlen verwenden Sie den Fineliner mit 0,1 mm Stärke. Entfernen Sie im Anschluss auf beiden Seiten alle sichtbaren Bleistiftlinien mit einem Radiergummi.

14 Füllen Sie die Weißräume der Überschrift mit einem schwarzen Filzstift aus. Die leeren Quadrate füllen Sie mit Ihren Lieblingsfarben. Dieses verwenden Sie in den kommenden 31 Tagen immer dann, wenn Sie eine der Gewohnheiten erfüllt haben. Zu guter Letzt geben Sie beiden Seiten mit Washi Tape oben und unten einen bunten Rahmen.

Der Gefühls-Tracker

Nicht nur Tätigkeiten oder Gewohnheiten lassen sich mit einem Tracker visualisieren. Auch Gefühle können in Ihrem Bullet Journal sichtbar gemacht werden. Reflektieren Sie täglich wie es Ihnen heute ergangen ist. Leben Sie bewusster.

Materialien:

Bleistift HB
Lineal
Radiergummi
Kreisschablone oder eine kleine Schüssel
Fineliner in Schwarz, 0,1 mm
Fineliner in Schwarz, 0,3 mm
Fineliner in Bunt
Brushpens
Vorlagen S. 128/129

1 Schlagen Sie Ihr Notizbuch auf der nächsten leeren Doppelseite auf. Das Layout besteht aus einem Handlettering auf der linken Seite und dem eigentlichen Tracker auf der rechten Seite.

2 Beginnen wir mit dem Handlettering. Skizzieren Sie mit dem Bleistift und dem Lineal drei langgezogene Rechtecke auf der linke Seite. Achten Sie hierbei darauf, dass Sie diese versetzt anordnen. Das mittlere Rechteck sollte ungefähr in der Mitte der linken Seite angelegt werden. Zeichnen Sie in die Rechtecke die Schlagwörter »Gedanken«, »Gefühle« und »Schicksal«. Verwenden Sie hierzu eine geschwungene Schreibschrift.

3 Die restlichen Wörter des Handletterings werden in Druckbuchstaben um die Rechtecke angelegt. Sind Sie mit Ihren Entwürfen zufrieden, so schreiben Sie die kleinen Wörter mit einem schwarzen Fineliner in 0,3 mm Stärke nach. Für die geschwungenen Wörter verwenden Sie farbige Brushpens. Achten Sie bei den abwärtsverlaufenden Buchstabenlinien darauf, genügend Druck auf die Pinselspitze auszuüben. Bei den aufwärtsverlaufenden Buchstabenlinien sollte die Pinselspitze leicht über das Papier gleiten. Sie können hier aber auch die Technik der falschen Kalligraphie anwenden (siehe hierzu »Anleitung zur Monatsübersicht« ab S. 30).

4 Weiter geht es auf der rechten Seite. Skizzieren Sie mit einer Kreisschablone oder einer kleinen Schüssel und einem Fineliner in 0,3 mm Stärke einen Kreis in die Mitte der Seite.

5 Nehmen Sie nun das Geodreieck© und einen Bleistift zur Hand. Unterteilen Sie den Kreis zuerst in vier gleich große Quadranten. Jeden Quadranten unterteilen Sie daraufhin in zwei, dann in vier und schließlich in acht gleich große Teile. Am Ende haben Sie Ihren Kreis in 32 gleich große Stücke unterteilt. Nummerieren Sie mit den Zahlen 1 bis 31.

6 Skizzieren Sie oberhalb Ihres Kreises eine passende Überschrift. Sind Sie mit allen gestalteten Elementen zufrieden, so zeichnen Sie sie mit einem schwarzen Fineliner nach. Für die Linien innerhalb des Kreises verwenden Sie die Stärke 0,1 mm, für alle anderen Elemente den Fineliner in der Stärke 0,3 mm. Entfernen Sie im Anschluss alle sichtbaren Bleistiftlinien auf beiden Seiten mit dem Radiergummi.

7 Nehmen Sie den farbigen Fineliner zur Hand und schreiben Sie in einer geschwungenen, langgegezogenen Schreibschrift erneut die Wörter »meine Gefühle im« über die bereits bestehende Überschrift. Bei dem Wort »Januar« geben Sie allen abwärtsverlaufenden Buchstabenlinien eine farbige Kontur.

8 Zum Schluss legen Sie unterhalb des Gefühlskreises fest, welche Gefühle Sie mit welcher Farbe visualisieren möchten.

Tragen Sie jeden Abend in Ihren Gefühlskreis ein, wie es Ihnen tagsüber ergangen ist. Es können selbstverständlich mehrere Farben an einem Tag verwendet werden. Am Ende des Monats können Sie anhand Ihres Trackers feststellen, wie Sie sich wann gefühlt haben und vergleichen, ob Ihr persönliches Empfinden mit den tatsächlichen Fakten übereinstimmt.

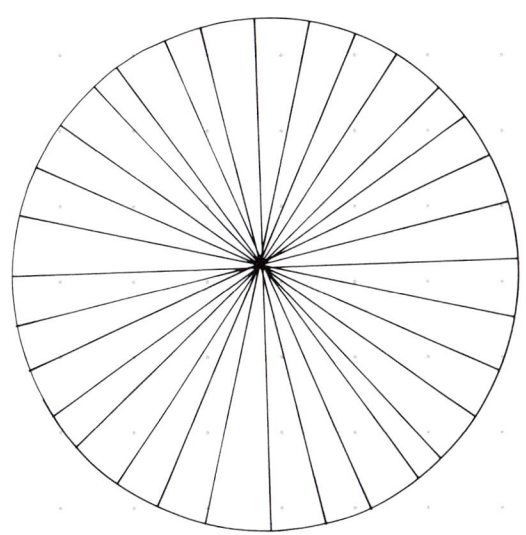

Gebe deinen *Gedanken* eine Richtung. Beherrsche deine *Gefühle* – und du wirst dein *Schicksal* selbst bestimmen.

– N. Hill –

Der Schlaf-Tracker

Kennen Sie das? Sie wachen morgens auf und haben das Gefühle die Nacht war viel zu kurz. Dabei sind Sie der subjektiven Ansicht, Sie hätten ausreichend geschlafen. Nutzen Sie einen Schlaf-Tracker, um zu visualisieren, wie viele Stunden Sie tatsächlich im Land der Träume verbracht haben und passen Sie somit Ihren Schlafrhythmus Schritt für Schritt an Ihre Bedürfnisse an.

MATERIALIEN:

Bleistift HB
Lineal
Radiergummi
Fineliner in Schwarz, 0,1 mm
Fineliner in Gelb
Gelschreiber in Weiß
Kraftpapier
Wasserfarbe
Pinsel
Gefäß mit Wasser
Klebestift
Washi Tape
Sternenstempel
Stempelkissen mit wasserbasierter Pigmenttinte
Vorlage S. 130/131

Dieses Layout ist etwas aufwendiger. Sie können es einfacher gestalten, indem Sie das Handlettering auf der linken Seite auslassen und direkt mit dem eigentlichen Tracker beginnen.

1 Schlagen Sie Ihr Notizbuch auf der nächsten leeren Doppelseite auf. Das Layout besteht aus einem Handlettering auf der linken Seite und einem Tracker auf der rechten Seite.

2 Wir beginnen mit dem eigentlichen Tracker auf der rechten Seite und zeichnen mit Bleistift und einem Lineal ein langgezogenes Rechteck. Skizzieren Sie in dieses die Überschrift. Verwenden Sie hierzu große und kleine Druckbuchstaben.

IcH bRauCHe mEInen SchönHeItsSchlaf

3 Tragen Sie nun die Kalenderdaten und die entsprechenden Wochentage senkrecht untereinander ein. Kürzen Sie hierbei die Wochentage mit dem ersten Buchstaben ab.

4 Schreiben Sie im Anschluss neben jedes Kalenderdatum die Zahlen 1 bis 24 oder wie im gezeigten Beispiel 7-7-6. Diese stehen für die Tagesuhrzeiten.

> *Sollte es Ihnen zu mühsam erscheinen, in jeder Zeile 24 Stunden zu dokumentieren, so schreiben Sie die Uhrzeiten einmalig in die Zeile über dem ersten Wochentag. Diese gelten dann für den kompletten Monat.*

5 Dokumentieren Sie für den gesamten Monat Ihren Schönheitsschlaf, in dem Sie die entsprechenden Schlafenszeiten farbig markieren.

6 Sind Sie mit Ihrem Layout zufrieden, so schreiben Sie alle Elemente mit einem schwarzen Fineliner nach. Für die Überschrift verwenden Sie einen blauen Fineliner. Die Rahmenlinien ober- und unterhalb der Überschrift gestalten Sie in der Farbe Gelb. Entfernen Sie zum Schluss alle sichtbaren Bleistiftlinien mit Ihrem Radiergummi.

7 Wenden wir uns nun dem Lettering auf der linken Seite zu. Nehmen Sie sich das Kraftpapier zur Hand und zeichnen Sie mithilfe der Kreisschablone oder einer kleinen Schüssel und einem Bleistift einen großen Kreis. Setzen Sie auf diesen weitere kleine Kreise.

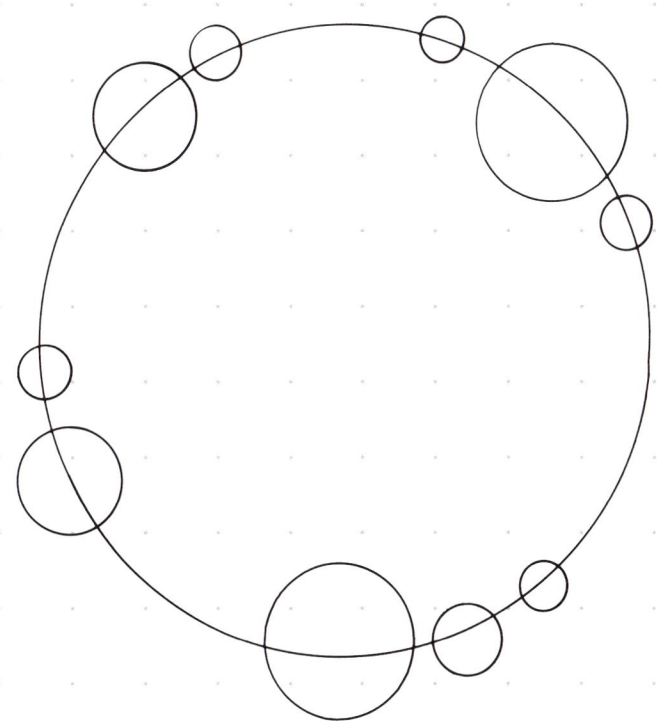

8 Malen Sie die kleinen Kreise mit Wasserfarben an. Verwenden Sie hierzu wenig Wasser und viel Farbe. Sollte das Kraftpapier nach dem Trocknen zu sehr durchscheinen, so wiederholen Sie den Vorgang, bis Sie mit dem Farbergebnis zufrieden sind.

9 Sobald die Kreise getrocknet sind, skizzieren Sie mit einem Bleistift den gewünschten Spruch in den großen Kreis. Kombinieren Sie hierbei verschiedene Schrifttypen miteinander.

10 Nehmen Sie sich nun den weißen Gelschreiber zur Hand. Zeichnen Sie verschiedene Blumen und Blütenarten über die farbigen Kreise. Ihrer Fantasie sind dabei keine Grenzen gesetzt.

> WENN WIR *träumen*, BETRETEN WIR EINE *Welt* DIE GANZ UND GAR UNS GEHÖRT.
> J. K. Rowling

11 Sobald die Farbe getrocknet ist, fahren Sie alle Buchstabenlinien sowie den äußeren großen Kreis mit dem weißen Gelschreiber nach. Setzen Sie an die äußeren Kreislinien kleine Blüten, Blätter oder Beeren.

12 Lassen Sie alles gut trocknen. Entfernen Sie mit einem kleinen Radiergummi besonders vorsichtig sichtbare Bleistiftstriche. Es kann sonst passieren, dass die weißen Gellinien durch das darüberradieren verwischen.

13 Kleben Sie das Kraftpapier mithilfe eines Klebestiftes in Ihr Bullet Diary. Geben Sie beiden Seiten einen farbigen Rahmen, indem Sie zum Beispiel Washi Tape verwenden. Wenn Sie mögen, können Sie zudem passend zum Thema »Schönheitsschlaf« ein paar funkelnde Sterne auf Ihre Seite stempeln.

7 Tage voller Achtsamkeit

Gerade in der heutigen Zeit, in der wir in einer überreizten, schnellen und komplexen Welt mit zahlreichen Herausforderungen und zum Teil auch Überforderungen leben, ist es besonders wichtig, in sich hineinzuhören und sich darauf zu besinnen, was einem persönlich guttut. Dies ist gar nicht so einfach, wie es klingen mag. Daher zeige ich Ihnen hier ein Beispiel, wie Sie in 7 Tagen ein wenig achtsamer durchs Leben gehen und sich dabei auf sich selbst besinnen können.

Materialien:

Bleistift HB
Lineal
Radiergummi
Fineliner in Schwarz, 0,3 mm
Filzstift in verschiedenen Farben
Vorlage S. 132

1 Schlagen Sie Ihr Notizbuch auf der nächsten leeren Doppelseite auf. Das Layout besteht wieder aus einem Handlettering auf der linken Seite und dem eigentlichen Tracker auf der rechten Seite.

2 Sie beginnen auf der linken Seite. Auf die obere Hälfte der Seite skizzieren Sie mit einem Bleistift die Überschrift für Ihren Achtsamkeits-Tracker. Verwenden Sie hierzu, wie bereits bei einigen Layouts zuvor, zwei verschiedene Schrifttypen, die Sie übereinander anordnen.

3 Auf die untere Hälfte können Sie, wenn Sie mögen, ein schönes Foto kleben oder wie im Beispiel einen Motivationsspruch lettern. Zeichnen Sie mit einem Bleistift zwei Rechtecke untereinander. In diese skizzieren Sie die Wörter »Wege« und »Glück«. Oberhalb jedes Rechteckes schreiben Sie die restlichen Begriffe Ihres Letteringspruches.

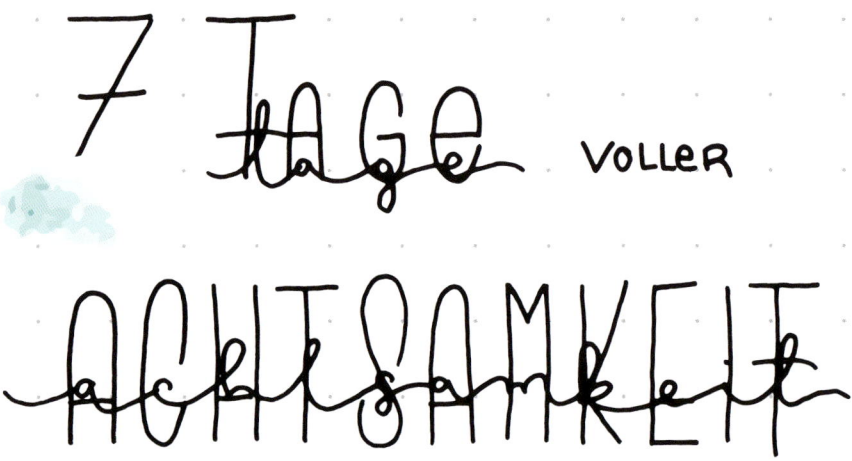

7 TAGE VOLLER ACHTSAMKEIT

4 Sind Sie mit Ihren Entwürfen zufrieden, so zeichnen Sie alle Elemente mit dem schwarzen Fineliner nach. Die Überschrift können Sie wie im Beispiel zweifarbig gestalten. Abschließend geben Sie dem geschriebenen Wort »Wege« eine doppelte Kontur und füllen die Weißräume mit schräg verlaufenden Streifen. Entfernen Sie nun die sichtbaren Bleistiftstriche mit einem Radiergummi. Wenn Sie mögen, können Sie noch Schmuckelemente zu Ihrem Lettering hinzufügen. Wie wäre es mit Pfeilen?

5 Auf der rechten Seite gestalten Sie nun den eigentlichen Tracker. Unterteilen Sie die Seite in vier Spalten. Nutzen Sie hierzu Bleistift und Lineal. Beachten Sie, dass die erste Spalte etwas schmaler gestaltet wird, die restlichen drei Spalten werden gleich breit angelegt.

6 Zeichnen Sie im Anschluss sieben Zeilen ein. Die oberste Zeile können Sie etwas schmaler als die restlichen sechs gestalten.

7 Überlegen Sie sich auf welche Themen Sie in den nächsten sieben Tagen besonders achten möchten. Was liegt Ihnen am Herzen? Ich habe mich für folgende Bereiche entschieden:
- Ich bin dankbar für
- Der schönste Moment heute
- Das hat mir gut getan

8 Tragen Sie in die erste Spalte noch die einzelnen Wochentage ein. Sind Sie mit Ihrem Entwurf zufrieden, so zeichnen Sie alle Elemente mit einem Fineliner nach. Entfernen Sie im Anschluss alle sichtbaren Bleistiftstriche mit einem Radiergummi.

9 Nehmen Sie sich jeden Abend 5 bis 10 Minuten Zeit und überlegen Sie sich zu den oben genannten Themen eine Antwort. Am Anfang kann Ihnen dies schwerfallen. Je öfter Sie diese Übung durchführen, desto leichter wird es Ihnen jedoch fallen, achtsamer und bewusster durchs Leben zu gehen. Wählen Sie hierzu immer wieder neue Fragen, die Sie sich stellen möchten.

> Wechseln Sie die Themen Ihres Achtsamkeits-Trackers von Zeit zu Zeit: »Woran denken Sie besonders gerne zurück« - Lässt sich dieses Ereignis wiederholen? Oder »Was mögen Sie am Sommer am liebsten?« - Schmieden Sie frühzeitig Pläne für die warme Jahreszeit.

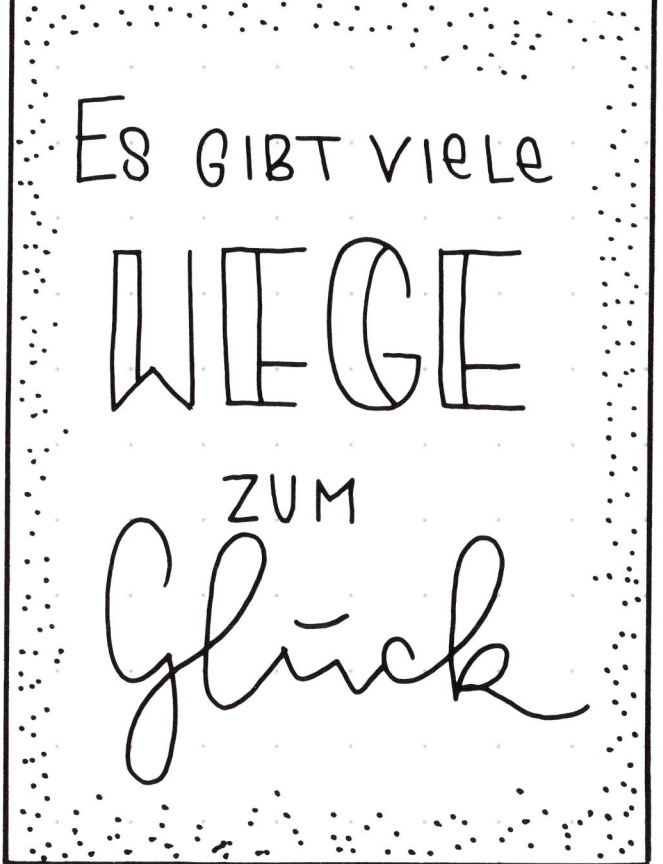

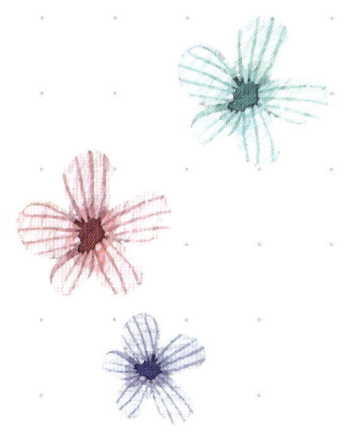

DER GEWICHTS-TRACKER

Neues Jahr + neues Ich = gute Vorsätze – und das gehört wahrscheinlich nicht nur bei mir mit auf die Liste: Sportlicher werden und / oder Gewicht reduzieren. Also ran an die Stifte und lassen Sie uns gemeinsam einen passenden Tracker im Bullet Diary anlegen, um unsere Ziele zu erreichen.

MATERIALIEN:

Bleistift HB
Lineal
Radiergummi
Fineliner in Schwarz, 0,3 mm
Filzstifte in verschiedenen Farben
Zahlenstempel
Stempelkissen mit wasserbasierter Pigmenttinte
Vorlagen S. 133

1 Schlagen Sie eine leere Doppelseite in Ihrem Bullet Diary auf. Nehmen Sie Bleistift und Lineal zur Hand und zeichnen Sie auf der linken Seite ein Rechteck ein. In dieses skizzieren Sie die Überschrift. Nutzen Sie hierzu die Technik der »falschen Kalligraphie« (Siehe Modell »Monatsübersicht« ab Seite 30).

2 Stellen Sie sich nun folgende Frage: Wie viele Kilogramm Gewicht möchten Sie verlieren und in welchen Schritten möchten Sie Ihren Weg dokumentieren? Ich habe mich bei meinem Layout für 10 Kilogramm in 0,5 kg Schritten entschieden. Somit benötige ich insgesamt 20 Quadrate. Unterteilen Sie Ihre Seite in vier Spalten und fünf Zeilen. Zeichnen Sie in jedes Feld ein Quadrat ein.

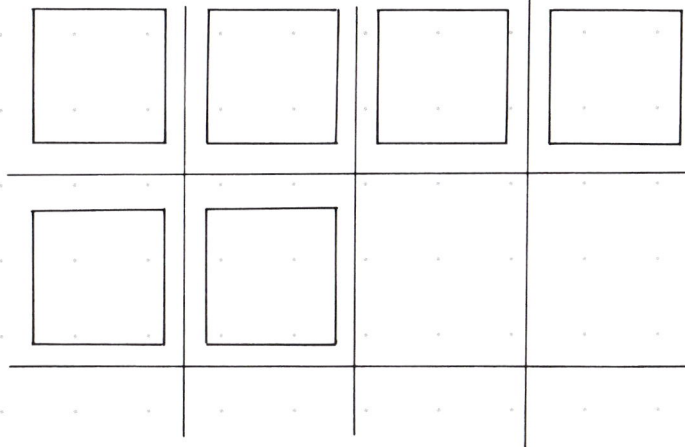

Wenn Sie mögen, können Sie zwischen zwei Zeilen einen kleinen Motivationsspruch schreiben. Lassen Sie dann ein wenig mehr Platz zwischen den einzelnen Quadraten.

Sind Sie mit Ihren Entwürfen zufrieden, so zeichnen Sie alle Elemente mit einem schwarzen Fineliner nach. Entfernen Sie im Anschluss alle sichtbaren Bleistiftstriche. Setzen Sie zwischen die einzelnen Quadrate kleine Verbindungsstriche. Diese stehen symbolisch für Ihren Weg. In die Quadrate stempeln Sie die abzunehmenden Kilogrammzahlen in 0,5-er Schritten. Besitzen Sie keine Zahlenstempel, so können Sie diese selbstverständlich auch händisch eintragen. Füllen Sie zu guter Letzt die Weißräume in den Wörtern der Überschrift mit einem farbigen Filzstift.

3 Weiter geht es auf der rechten Seite. Hier legen Sie zuerst mit Bleistift und Lineal eine Tabelle an. Diese besteht aus fünf Spalten und dreizehn Zeilen. In die Spalten tragen Sie folgende Begriffe ein: Kilogramm, Brust-, Bauch-, Hüft- und Poumfang. Die Zeilen symbolisieren die zur Verfügung stehenden Wochen. Selbstverständlich können Sie die Tabelle ganz nach Ihren eigenen Vorstellungen variieren. Zu guter Letzt nummerieren Sie die Zeilen.

4 Ziehen Sie mithilfe des Lineals eine waagerecht verlaufende Linie auf die untere Seitenhälfte. Tragen Sie Ihr Startgewicht bis hin zum Zielgewicht ein. Achten Sie darauf, dass sie die Zahlen in regelmäßigen Abständen platzieren. Ziehen Sie nun eine senkrecht verlaufende Linie ein. Diese dokumentiert die zur Verfügung stehenden Wochen.

5 Zeichnen Sie zum Schluss alle Elemente mit einem Fineliner nach und entfernen Sie mit dem Radiergummi alle sichtbaren Bleistiftstriche.

Ich wünsche Ihnen viel Erfolg bei der Erreichung Ihres Zieles. Dokumentieren Sie regelmäßig Ihre Erfolge und geben Sie den Quadraten Farbe, sobald ein Zwischenziel erreicht wurde. Lassen Sie sich von kleinen Rückschlägen nicht aufhalten – »der Weg ist das Ziel«.

Haben Sie noch Platz auf Ihrer rechten Seite, so können Sie einen weiteren Tracker anlegen. Dieser soll die Gewichtsabnahme visualisieren und weitere Motivation geben, um am Ball zu bleiben.

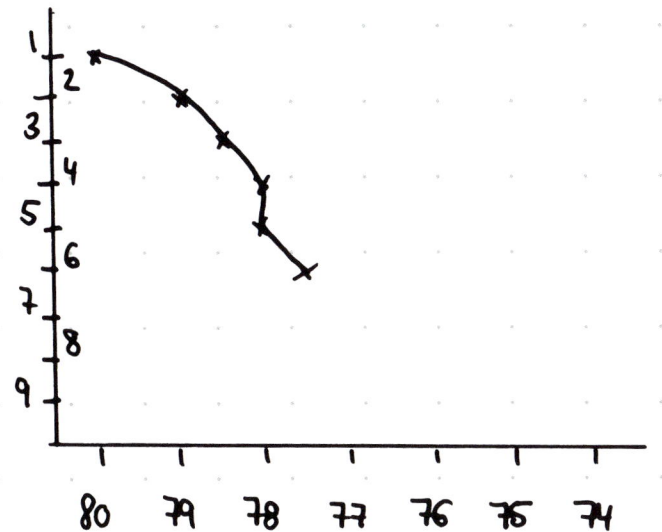

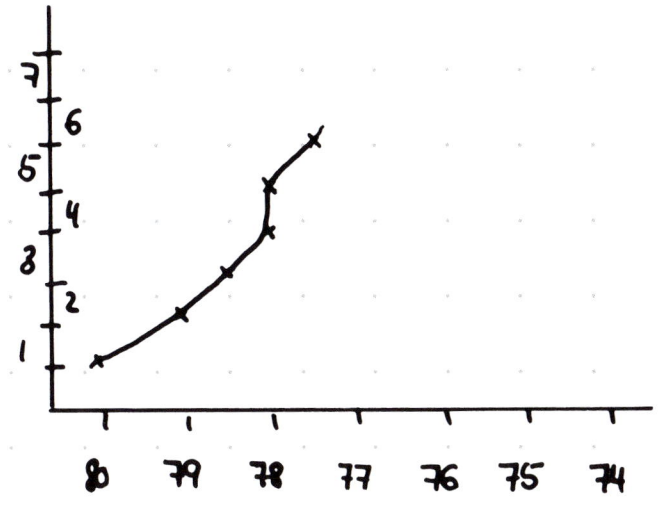

Möchten Sie, dass Ihr Diagramm von oben nach unten verläuft, so tragen Sie am oberen Ende des senkrecht verlaufenden Striches die erste Woche ein. Möchten Sie ein nach oben verlaufendes Diagramm, so tragen Sie am oberen Ende des senkrecht verlaufenden Striches die letzte Woche ein.

Der Essensplan

Zum aktuellen Trendthema des »bewussteren Lebens« gehört neben den bereits auf den vorherigen Seiten genannten Bereichen auch das Thema einer gesunden, ausgewogenen und bewussten Ernährung. Essen verkommt immer mehr zu einer reinen Kalorienaufnahme, ohne dabei auf Inhaltsstoffe, Mengen oder gar Genuss zu achten. Ein Essensplan kann Ihnen dabei helfen, den Fokus auf Geschmack, Langsamkeit und Genuss zu legen. Und dabei kann er neben praktisch auch noch hübsch gestaltet werden.

Materialien:

Bleisitft HB
Radiergummi
Lineal
Fineliner in Schwarz
Kleine und große Notizzettel
Buchstabenstempel
Symbolstempel
Stempelkissen mit wasserbasierter Pigmenttinte
Washi Tape
Vorlagen S. 122/123

1 Schlagen Sie eine leere Doppelseite in Ihrem Bullet Diary auf. Nehmen Sie Bleistift und Lineal zur Hand und unterteilen Sie die Seite in acht gleich breite Zeilen.

2 Zeichnen Sie in die erste Zeile ein Rechteck. In dieses schreiben Sie die Überschrift hinein. Stempeln Sie die jeweiligen Anfangsbuchstaben der einzelnen Wochentage in die restlichen Zeilen.

3 Tragen Sie im Anschluss in jede Zeile die Abkürzungen »F« für Frühstück, »M« für Mittagessen, »S« für Snack und »A« für Abendessen ein.

4 Weiter geht es auf der rechten Seite. Zeichnen Sie hier eine Zeile und in diese ein Rechteck. In dieses stempeln Sie die Überschrift »Einkaufsliste«.

Sollten Sie keine Buchstabenstempel besitzen, so können Sie die Überschriften selbstverständlich auch händisch eintragen.

5 Fahren Sie die Bleistiftelemente mit einem schwarzen Fineliner nach. Entfernen Sie diese im Anschluss mit einem Radiergummi.

6 Nehmen Sie die Notizzettel zur Hand. Kleben Sie mithilfe des Washi Tapes den großen Notizzettel auf die rechte Seite. Hier können Sie nun alle Dinge eintragen, die Sie besorgen möchten. Wenn er voll ist, einfach umdrehen und die Rückseite verwenden.

7 Auf den kleinen Notizzetteln planen Sie Ihre Mahlzeiten und kleben Sie an den passenden Wochentag.

Durch die Verwendung von Notizzetteln können Sie dieses Layout über mehrere Wochen verwenden, ohne es jede Woche aufs Neue anlegen zu müssen.

8 Zu guter Letzt stempeln Sie kleine Symbole zur Verschönerung auf Ihre Seite und / oder Ihren Notizzettel.

DIE FINANZÜBERSICHT

MATERIALIEN:

Bleistift HB
Radiergummi
Lineal
Fineliner in Schwarz, 0,3 mm
Fineliner in Schwarz, 0,1 mm
Brushpen
Vorlagen S. 134

1 Schlagen Sie Ihr Notizbuch auf der nächsten leeren Doppelseite auf. Zeichnen Sie mit Bleistift und Lineal auf die linke obere Seite ein langgezogenes Rechteck. In dieses skizzieren Sie die Überschrift.

finanzen 01/2018

2 Unterteilen Sie beide Seiten in die benötigte Anzahl an Kalenderwochen. Im gezeigten Beispiel benötigen Sie für den Monat Januar 2018 fünf Abschnitte. Beginnen Sie mit dem Einzeichnen der Banner:

3 Tragen Sie in jedes Banner die entsprechende Kalenderwoche ein. Sind Sie mit Ihren Entwürfen zufrieden, so zeichnen Sie alle Elemente mit einem schwarzen Fineliner in 0,3 mm Stärke nach. Für die Überschrift verwenden Sie einen Brushpen. Geben Sie den abwärtsverlaufenden Buchstabenstrichen im Anschluss eine schwarze Kontur. Entfernen Sie abschließend alle sichtbaren Bleistiftstriche.

Sie können mit dieser Vorlage auch eine Monatsübersicht erstellen. Planen Sie dann für die einzelnen Spalten etwas mehr Platz für Ihre Eintragungen ein.

4 Färben Sie das waagerecht verlaufende Element des Banners farbig ein. Nutzen Sie hierzu ebenfalls Ihren Brushpen. Aber auch die Verwendung eines Filzstiftes wäre denkbar. Schreiben Sie im Anschluss den Begriff »Woche« in diese farbige Markierung. Zeichnen Sie nun noch unter jedem Banner eine Tabelle mit drei Spalten. In dieser können Sie wöchentlich dokumentieren wie viel Geld Sie für bestimmte Dinge ausgegeben haben. So lässt sich leichter reflektieren und es kann ein bewussterer Umgang mit Geld geübt werden.

Der Haushaltsplan

MATERIALIEN:

Bleistift HB
Radiergummi
Lineal
Fineliner in Schwarz, 0,3 mm
Brushpen
Filzstifte

1 Schlagen Sie Ihr Notizbuch auf der nächsten leeren Doppelseite auf. Zeichnen Sie mit Bleistift und Lineal auf die linke obere Seite ein langgezogenes Rechteck. In dieses skizzieren Sie die Überschrift.

2 Legen Sie unterhalb der Überschrift eine Tabelle an. Sie benötigen hierzu 12 Zeilen und 30 Spalten. Jedes einzelne Kästchen steht für einen Tag im Jahr 2018. Zum Schluss zeichnen Sie einen Rahmen um die Tabelle.

> *Wenn Sie ganz besonders fleißig sind, können Sie selbstverständlich jedes einzelne Kästchen von 1 bis 365 durchnummerieren.*

3 Schreiben Sie unterhalb der Tabelle Ihre täglichen Aufgaben im Haushalt auf. Sobald Sie diese an einem Tag erledigt haben streichen Sie ein Kästchen Ihrer Tabelle durch. Sie können diese aber auch farbig gestalten. Ganz nach Ihren Wünschen.

4 Auf der rechten Seite legen Sie erneut verschiedene Tabellen an. Für die wöchentlichen Aufgaben benötigen Sie eine Tabelle mit acht Zeilen und sieben Spalten. Jedes Kästchen symbolisiert eine Kalenderwoche. Für die monatlichen Aufgaben zeichnen Sie eine Tabelle mit zwei Zeilen und sechs Spalten und für Aufgaben, die nur einmal im Quartal zu erledigen wären, benötigen Sie lediglich eine Zeile und vier Spalten. Geben Sie zum Schluss jeder Tabelle einen Rahmen.

> *Sie können die Tabellen zuerst mit Bleistift vorzeichnen. Sind Sie sich Ihrer Sache sicher, so können Sie selbstverständlich von Anfang an den Fineliner nutzen.*

5 Haben Sie alle Haushaltsaufgaben aufgeschrieben und Ihre vorgezeichneten Elemente mit dem Fineliner nachgezeichnet, so entfernen Sie alle sichtbaren Bleistiftstriche mit einem Radiergummi. Mit einem Brushpen in Grau können Sie nun den Rahmen einen Schatten verleihen.

6 Verzieren Sie die Übersicht mit einigen farbenfrohen Schmuckelementen, wie zum Beispiel kleinen Blümchen. Somit fällt die Arbeit doch gleich viel leichter. Geben Sie auch diesen leichte Farbakzente. Nutzen Sie hierzu Filzstifte oder farbige Fineliner. Am Ende verzieren Sie beide Seiten mit einem Rahmen.

Die Urlaubsplanung

Nach dem Urlaub ist ja bekanntlich vor dem Urlaub und mit der Urlaubsplanung lässt es sich nicht früh genug beginnen. Doch sobald der Urlaub gebucht ist, finden wir uns im Alltag wieder und ganz plötzlich heißt es »Koffer packen!«, und dann geht es los: Was brauchen wir wirklich, was müssen wir noch besorgen und was darf auf gar keinen Fall vergessen werden? Damit Ihnen das in diesem Urlaub und hoffentlich auch in den kommenden Urlauben nicht mehr passiert, legen Sie eine Checkliste in Ihrem Bullet Diary an. So können Sie sich in aller Ruhe alle wichtigen Dinge überlegen und vergessen in der Hektik, Aufregung und Freude nichts.

Materialien:

Bleistift HB
Radiergummi
Lineal
Fineliner in Schwarz, 0,3 mm
Foto
Kleber
Filzstifte / Brushpen
Vorlagen S. 135

1 Schlagen Sie Ihr Notizbuch auf der nächsten leeren Doppelseite auf. Zeichnen Sie mit Bleistift und Lineal ein Rechteck auf die linke obere Seitenhälfte. Wiederholen Sie diesen Vorgang auf der linken unteren und rechten oberen Seitenhälfte.

2 Platzieren Sie in diese Rechtecke die einzelnen Überschriften. Links wählen Sie eine allgemeine Überschrift wie zum Beispiel »Urlaub 2018«. Rechts können Sie das Ziel Ihrer Reise benennen. Sie können die Überschriften auch ganz Ihren eigenen Vorstellungen anpassen.

Urlaub 2018

antalya

antalya

Flüge
STR → AYT   18.05.18.   12.50 Uhr
AYT → STR   01.06.18.   18.15 Uhr

Reisedokumente
- ☐ Pässe
- ☐ Flugtickets
- ☐ Versicherung
- ☐ Bargeld

Kosmetik
- ☐ Duschgel
- ☐ Zahnbürste
- ☐ Kamm
- ☐ Sonnencreme
- ☐ Make-up
- ☐ Reise-Apotheke
- ☐ Deo / Parfum

Technik
- ☐ Handy / Tablet
- ☐ Ladegeräte
- ☐ Kopfhörer

Bekleidung
- ☐ T-Shirts / Tops / Hemden
- ☐ Hosen
- ☐ Röcke / Kleider
- ☐ Unterwäsche
- ☐ Badesachen
- ☐ Sandalen / Flipflops
- ☐ Sportschuhe
- ☐ Sonnenhut

Sonstiges
- ☐ Sonnenbrille
- ☐ Lektüre
- ☐ Mückenschutz

3 Zwischen den beiden Überschriften auf der linken Seite haben Sie nun noch ausreichend Platz. Hier können Sie ein nettes Lettering oder wie im Beispiel ein Foto des Urlaubslandes /-ortes einkleben. So wird die Vorfreude gleich noch viel größer. Malen Sie im Anschluss einen Rahmen um das Foto.

4 Überlegen Sie sich nun welche Themenbereiche Sie unbedingt auf Ihrer persönlichen Urlaubscheckliste anlegen möchten. In meinem Layout habe ich mich für folgende Oberthemen entschieden: Technik, Reisedokumente, Bekleidung, Kosmetik, Sonstiges und, ganz wichtig: die Daten der Flüge. Ergänzen und verändern Sie diese Liste ganz nach Ihren Bedürfnissen.

5 Nachdem Sie die einzelnen Bereiche und Unterpunkte auf der rechten Seitenhälfte dokumentiert haben, zeichnen Sie um jeden Bereich einen Rahmen. Schattieren Sie diesen mit einem Brushpen oder einem Filzstift.

6 Zum Schluss wenden Sie die Technik der falschen Kalligraphie (s. S. 32) an, um Ihre Überschrift leichter wirken zu lassen. Die Zwischenräume lassen Sie dieses Mal weiß.

Ich wünsche Ihnen einen erholsamen Urlaub. Mit Ihrer Checkliste werden Sie sicher entspannt hineinstarten und nichts Wichtiges mehr vergessen!

> *Gut geplant ist halb erledigt. Checklisten erleichtern Ihnen den Alltag ungemein. Diese Vorlage können Sie auch wunderbar auf andere Lebensbereiche übertragen. Erstellen Sie z. B. für die nächste Geburtstagsparty eine Liste, die Ihnen die Vorbereitungen erleichtert.*

Erinnerungen festhalten

Nach dem Urlaub schwelgen wir in Erinnerungen an viele schöne Momente und Erlebnisse. Zu schnell hat uns der Alltag aber wieder, und die zahlreichen geschossenen Fotos dümpeln im Speicher der Kamera dahin und die Erinnerungen verblassen. Warum diese also nicht im eigenen Bullet Diary festhalten und immer wieder einen Blick darauf werfen?

MATERIALIEN:

Bleistift HB
Radiergummi
Lineal
Fineliner in Schwarz, 0,3 mm
Sticker
Washi Tapes
Stempel
Stempelkissen mit wasserbasierter Pigmenttinte
Fotos, Tickets etc.

1 Schlagen Sie Ihr Notizbuch auf der nächsten leeren Doppelseite auf. Ziehen Sie mithilfe des Lineals über beide Seiten eine waagerechte Linie. Setzen Sie auf diese in regelmäßigen Abständen so viele Markierungen, wie Sie Tage dokumentieren möchten.

2 Schreiben Sie mit einem Bleistift besondere Erlebnisse oder schöne Momente auf beide Doppelseiten. Ziehen Sie um einige Erlebnisse kleine Rahmen und verbinden Sie diese mit der Markierung des jeweiligen Tages.

> Wenn Sie mögen, können Sie Ihrem Layout Fotos, Flugtickets, Eintrittskarten etc. hinzufügen. Ganz wie Sie es lieben. Sie können auch jedem Tag eine einzelne Seite widmen.

3 Verschönern Sie beide Seiten im Anschluss mit Stickern, Wimpeln, Stempeln oder Washi Tape. Ordnen Sie alle Elemente nach Belieben an. Kleben Sie verschiedenfarbige Tapes übereinander. Dadurch ergibt sich ein toller Effekt.

4 Schreiben Sie zu guter Letzt eine persönliche Überschrift auf Ihre Seite und genießen Sie Ihre Urlaubserinnerungen jedes Mal erneut, wenn Sie diese Seite aufschlagen.

Natürlich können Sie auf diese Weise auch jede andere Erinnerung in Ihrem Bullet Diary festhalten.

DIE ADRESSLISTE

Der Klassiker in jedem Notizbuch sollte auch in Ihrem Bullet Diary nicht fehlen. So haben Sie alle wichtigen Daten Ihrer Kontakte immer dabei und sind im entscheidenden Moment nicht auf Ihr Smart Phone angewiesen, dessen Akku meistens genau in den Momenten versagt, in denen wir es am dringendsten benötigen.

Materialien:

Bleistift HB
Radiergummi
Lineal
Fineliner in Schwarz, 0,3 mm
Brushpens
Vorlagen S. 137

1 Schlagen Sie Ihr Bullet Diary auf der nächsten leeren Doppelseite auf. Zeichnen Sie auf die linke obere Seite ein langgezogenes Rechteck und skizzieren Sie die Überschrift hinein. Verwenden Sie hierzu Bleistift und Lineal.

2 Unterteilen Sie beide Seiten in gleich breite Zeilen. Geben Sie jeder Zeile ein Banner. Tragen Sie unter diesem die zu dokumentierenden Daten ein.

3 Sind Sie mit allen Elementen zufrieden, zeichnen Sie diese mit einem schwarzen Fineliner nach. Für die Überschrift verwenden Sie einen Brushpen. Entfernen Sie im Anschluss alle sichtbaren Bleistiftstriche mit einem Radiergummi.

4 Geben Sie dem Banner Farbe. Sie können wie im gezeigten Beispiel zwei verschiedene Farben verwenden oder alle einheitlich einfärben. Zu guter Letzt setzen Sie mithilfe des Fineliners einige Punkte in Ihr Lettering.

Nun können Sie alle wichtigen Kontaktdaten Ihrer Familie, Ihrer Freunde und Bekannten eintragen. Sollten Sie mehr Platz als eine Doppelseite benötigen, so setzen Sie die Adressliste auf den kommenden Seiten fort.

Adressen

Name
Adresse
Telefon   Handy
Mail

Der Geburtstagskalender

MATERIALIEN:

Bleistift HB
Radiergummi
Lineal
Filzstift
Fineliner in Schwarz, 0,3 mm
Sticker
Vorlagen S. 136

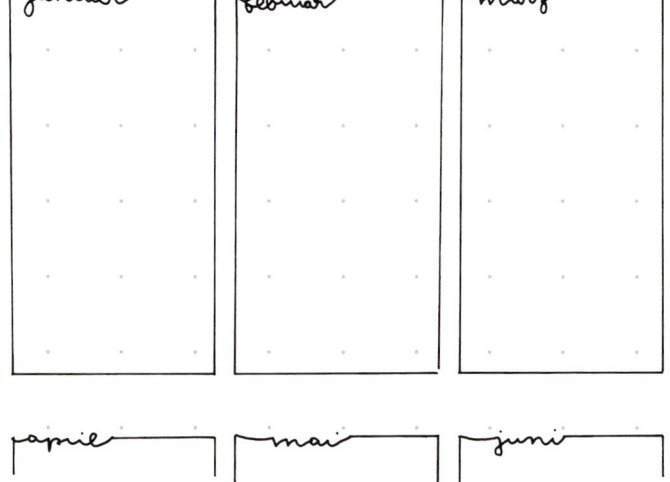

1 Schlagen Sie die nächste leere Doppelseite in Ihrem Bullet Diary auf. Zeichnen Sie auf beide Seiten ein langgezogenes Rechteck. Verwenden Sie hierzu Bleistift und Lineal. Skizzieren Sie in das linke Rechteck die Überschrift.

GEBURTSTAGS übersicht

2 In das Rechteck auf der rechten Seite können Sie ein passendes Statement schreiben. Ich habe mich bei diesem Layout für »it's Birthdaytime« entschieden.

≥ It's Birthdaytime ≤

3 Unterteilen Sie im Anschluss jede Seite in drei gleich breite Spalten und zwei gleich breite Zeilen. Skizzieren Sie in jede einzelne Spalte ein Rechteck. Jedes der Rechtecke steht für einen Monat des Jahres. Tragen Sie die entsprechenden Monatsnamen ein.

4 Sind Sie mit den Entwürfen zufrieden, so fahren Sie alle Elemente mit einem schwarzen Fineliner nach. Für die Überschrift verwenden Sie einen farbigen Filzstift. Setzen Sie ober- und unterhalb der Überschriften eine Rahmenlinie. Entfernen Sie im Anschluss alle sichtbaren Bleistiftstriche mit Ihrem Radiergummi.

5 Mit einzelnen Stickern können Sie Ihr Layout nach Belieben verschönern. Zudem können Sie mit einem farbigen Filzstift den einzelnen Rahmen Schatten und somit etwas Tiefe verleihen.

Tragen Sie abschließend die Geburtstage von Freunden und Familie ein. So werden Sie keinen mehr vergessen.

DER BÜCHER-TRACKER

MATERIALIEN:

Bleistift HB
Radiergummi
Lineal
Fineliner in Schwarz, 0,3 mm
Kleber
Alte Buchseiten
Vorlagen S. 137

1 Schlagen Sie die nächste leere Doppelseite in Ihrem Notizbuch auf. Skizzieren Sie mit Bleistift und Lineal sogenannte Polaroid-Rahmen auf beiden Seiten. Wie Sie diese anordnen ist Ihnen überlassen.

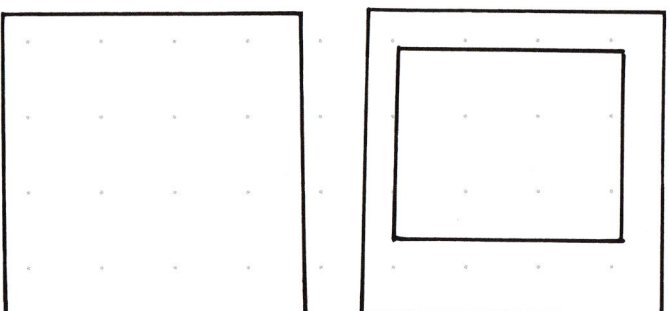

2 Gefällt Ihnen Ihr Entwurf, so zeichnen Sie alle Elemente mit einem schwarzen Fineliner nach. Entfernen Sie im Anschluss alle sichtbaren Bleistiftlinien mit einem Radiergummi.

3 Nehmen Sie sich nun die alten Buchseiten zur Hand. Kleben Sie diese wie einen Rahmen um Ihr Layout. Besonders schön wirkt dies, wenn Sie die Buchseiten zerreißen und nicht zerschneiden. So entsteht ein schöner Vintage-Look.

4 Geben Sie der Seite einen Titel. Ich habe mich bei meinem Layout für »Bücher, die ich 2018 lesen möchte« entschieden.

In jedes Polaroid-Bild können Sie nun die Titel der Bücher eintragen, die Sie unbedingt lesen möchten.

Sie können für die Bewertung Ihrer gelesenen Bücher einen Farbcode anlegen. Möglich wäre zum Beispiel: empfehlenswert = grün / mittelmäßig = gelb und Flop = rot. Malen Sie den Rahmen des Polaroids in der entsprechenden Farbe an. So können Sie auf einen Blick erkennen, welches Buch sich ein zweites Mal zu lesen oder zum Weiterempfehlen lohnt.

Weihnachts-Countdown und -geschenke

Wer kennt das nicht: Erst ist Weihnachten noch sehr weit entfernt und plötzlich wacht man morgens auf und die Feiertage stehen unmittelbar vor der Türe. Damit man keinen seiner Lieblingsmenschen vergisst, müssen aber rechtzeitig Geschenke besorgt werden. Doch was soll es nur werden? Legen Sie sich rechtzeitig in Ihrem Bullet Diary eine Geschenkeliste für Ihre Familie und Freunde an und sammeln Sie über das Jahr verteilt bereits einige Ideen. So klappt es am Ende hoffentlich auch mit den strahlenden Gesichtern. Und damit Sie immer im Blick haben, wie lange es noch bis zur Bescherung ist, hilft Ihnen ein kleiner Weihnachts-Countdown.

Materialien:

Bleistift HB
Radiergummi
Lineal
Fineliner in Schwarz, 0,3 mm
Kraftpapier
Gelschreiber in Weiß
Kleber
Vorlagen S: 137

1 Schlagen Sie Ihr Notizbuch auf der nächsten leeren Doppelseite auf. Nehmen Sie sich das Kraftpapier zur Hand und reißen Sie sich zwei seitenbreite Stücke heraus.

2 Skizzieren Sie mit Bleistift auf beide Kraftpapierstücke die gewünschten Überschriften.

3 Sind Sie mit den Entwürfen zufrieden, so zeichnen Sie alle Elemente mit dem weißen Gelschreiber nach. Setzen Sie damit um die Überschrift herum einige Punkte und Sterne. Sobald alles gut getrocknet ist entfernen Sie mit einem Radiergummi vorsichtig alle sichtbaren Bleistiftlinien. Bedenken Sie beim Radieren, dass der weiße Gelschreiber durch das Darüberradieren verwischen kann.

4 Kleben Sie beide Kraftpapiere auf die leere Doppelseite. Skizzieren Sie im Anschluss 28 unterschiedlich große Vierecke auf der linken Seite. Diese symbolisieren die verbleibenden Tage bis Heiligabend. Nummerieren Sie diese von 28 bis 1 durch. Zeichnen Sie alle Elemente mit einem Fineliner nach und entfernen sie im Anschluss die sichtbaren Bleistiftlinien. Setzen Sie auf jedes Viereck eine kleine Schleife.

5 Auf die rechte Seite zeichnen Sie eine Tabelle mit drei Spalten.

Ich wünsche Ihnen ganz viel Spaß beim Schenken und Beschenktwerden!

vier Wochen bis Weihnachten

28 · 27 · 26 · 25 · 24
22 · 21 · 20 · 19 · 18
16 · 15 · 14 · 13
12 · 11 · 10 · 09 · 08
07 · 06 · 05 · 04
03 · 02 · 01

Geschenke Liste

name	Geschenk	Besorgt

Filofaxing und Co.

Ein kleiner Exkurs in die Planerwelt

Taucht man tiefer in die Planerwelt ein, so stößt man neben dem Begriff des Bullet Journaling auch auf Wörter wie filofaxing, Travelers Notebooks, Journale, Kikki K, Moleskine und vieles mehr. Was sich hinter den Begriffen verbirgt erfahren Sie in diesem kleinen Exkurs.

Starten möchte ich mit dem wohl bekanntesten Wort, dem filofaxing.

Dieses leitet sich von der weltbekannten Planermarke »Filofax®« ab. Filofax® ist ein englisches Unternehmen, das im Jahr 1921 gegründet wurde. Schnell entwickelte sich der Organizer mit Ringmechanik zum beliebtesten flexiblen Kalendersystem und zu einem Statussymbol.

Kikki K oder Moleskine sind weitere Planermarken, die es zu kaufen gibt. Um Filofaxing zu betreiben kann es aber auch jeder andere Kalender sein. Hauptsache er gefällt Ihnen.

Filofaxing bezeichnet den Trend, seine Kalenderseiten sowie den eigentlichen Terminplaner zu verschönern. Es geht um Individualität und Kreativität – ähnlich wie beim Bullet Diary. Filofaxing lässt sich nicht nur in einem Ringplaner anwenden, sondern in allen Kalendersystemen, die es aktuell auf dem Markt gibt.

In einem Ringsystem lässt sich die Individualität und Kreativität nicht nur auf den eigentlichen Kalenderseiten ausleben. Es gibt weitere Gestaltungsmöglichkeiten wie Divider, Dashoboard oder Project Life Cards.

Divider bezeichnen die einzelnen Trennblätter oder auch das Register in einem Ringplaner. Diese unterteilen den Planer in unterschiedliche Kategorien, wie zum Beispiel Kalender, To-Do, Finanzen, Adressen, Notizen, Blog, Listen und vieles mehr. Durch das Ringsystem lassen sich jederzeit neue Seiten hinzuheften.

Das Dashboard ist das Deckblatt Ihres Planers. Es ist die erste Seite, die Sie zu sehen bekommen, wenn Sie Ihren Planer öffnen. Sie können dieses ganz nach Ihren Bedürfnissen anpassen. Egal, ob mit einem Lettering, Fotos von Freunden und Familie oder dem geliebten Haustier – und es jederzeit wieder ändern.

Project Life Cards sind personalisierte Kärtchen, die Sie zum Dekorieren, als Lesezeichen oder Statementkarte verwenden können. Es gibt sie bereits vorgefertigt zu kaufen oder Sie gestalten sie ganz nach den eigenen Vorstellungen. Ansonsten können Sie alle Dekorationsmaterialien, die Sie auch in einem Bullet Diary verwenden, für diesen Trend nutzen. Egal, ob Washi Tape, Letterings, Sticker oder Notiz-zettel.

Die Kalendereinlagen lassen sich entweder käuflich erwerben oder Sie fertigen sich diese selber an. Somit ist ein Bullet Diary auch in einem Ringplanersystem möglich, denn es kann Ihnen ebenfalls ausreichend Platz für Individualität, Flexibilität und Kreativität bieten.

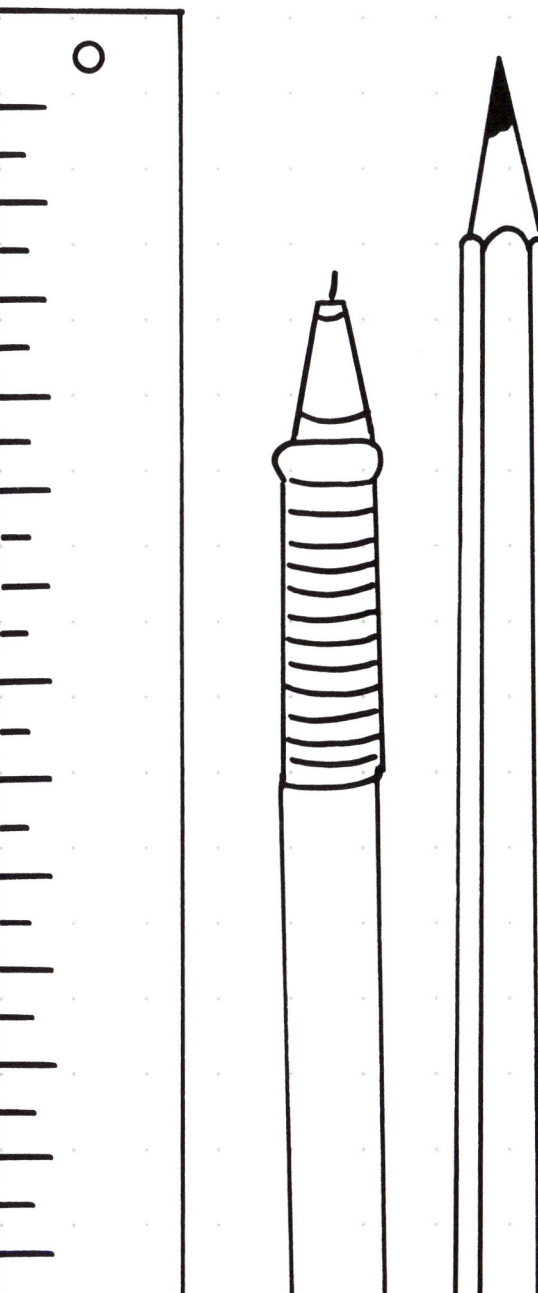

Das *Travelers Notebook* ist ein weiteres Planersystem. Es ist genauso einfach wie genial. Es handelt sich um ein schlichtes (Leder)Cover, in dem die gewünschte Anzahl an Heften mit elastischen Gummibändern befestigt wird. Wie viele Hefte Sie benötigen liegt ganz an Ihnen.

Ähnlich wie im Ringsystem können auch hier unterschiedliche Kategorien festgelegt werden. So können Sie ein Heft als Kalender nutzen. Ein weiteres dient Ihnen als Adressbuch und ein anderes beinhaltet alle wichtigen Listen und Ideen.

Ein Travelers Notebook gibt es in unterschiedlichen Größen, Farben und Marken. Und man kann nie genug davon besitzen. Auch hier lassen sich vorgefertigte Hefte käuflich erwerben, oder Sie stellen sie selbst her. Hierzu benötigen Sie lediglich weißes oder gepunktetes Papier, Motivkarton, Tacker, Schneidemaschine oder Lineal und Cuttermesser.

Und so geht's: Falten Sie das A4-Papier (weiß oder mit Punktraster bedruckt) und den Motivkarton einmal in der Hälfte. Stecken Sie den Stapel des gefalteten Papiers in die Hefthülle aus Motivkarton und tackern Sie dieses zusammen. Zuletzt schneiden Sie mithilfe der Schneidemaschine das Heft auf die benötigte Größe zu. Sollten Sie keine Schneidemaschine besitzen, so lässt sich dieser Vorgang auch mit einem Lineal und einem Cuttermesser durchführen.

Wenn Sie sich nun die Frage stellen, ob sich das System des Bullet Diarys auch in diesem System umsetzen lässt – natürlich!

Denn auch dieses System ist flexibel genug, um sich Ihren eigenen Bedürfnissen und Wünschen anzupassen. Ist ein Heft voll, so tauschen Sie dieses einfach aus. Eine neue Idee oder ein neues Projekt entsteht: heften Sie ein neues Heft hinzu.

Für welches System Sie sich am Ende entscheiden liegt ganz bei Ihnen. Vielleicht möchten Sie auch mehrere für verschiedene Themen und Lebensbereiche verwenden – wer weiß?

Grenzenlose Kreativität

Lassen Sie sich auf den kommenden Seiten von mir noch ein wenig inspirieren und entwickeln Sie Ihr eigenes Kreativbuch – Ihr Bullet Diary. Jedes gezeigte Layout lässt sich variieren. Ganz nach Ihrem individuellen Stil. Nutzen Sie andere Schriften und Schmuckelemente wie kleine Zeichnungen, Sticker, Washi Tape, Notizzettel oder Stempel. Schwarz, weiß oder bunt. Sie werden erstaunt sein, wie viele Möglichkeiten sich Ihnen eröffnen. Ich wünsche Ihnen ganz viel Spaß beim Ausprobieren.

hallo 2018 hallo 2018 hallo 2018 hallo 2018 hallo 2018

hallo 2018 hallo 2018 hallo 2018 hallo 2018 hallo 2018

hallo 2018 hallo 2018 hallo 2018 hallo 2018 hallo 2018

hallo 2018 hallo 2018 hallo 2018 hallo 2018 hallo 2018

hallo 2018 hallo 2018 hallo 2018 hallo 2018 hallo 2018

hallo 2018 hallo 2018 hallo 2018 hallo 2018 hallo 2018

hallo 2018 hallo 2018 hallo 2018 hallo 2018 hallo 2018

hallo 2018 hallo 2018 hallo 2018 hallo 2018 hallo 2018

hallo 2018 hallo 2018 hallo 2018 hallo 2018 hallo 2018

hallo 2018 hallo 2018 hallo 2018 hallo 2018 hallo 2018

hallo 2018 hallo 2018 hallo 2018 hallo 2018 hallo 2018

hallo 2018 hallo 2018 hallo 2018 hallo 2018 hallo 2018

hallo 2018 hallo 2018 hallo 2018 hallo 2018 hallo 2018

hallo 2018 hallo 2018 hallo 2018 hallo 2018 hallo 2018

hallo 2018 hallo 2018 hallo 2018 hallo 2018 hallo 2018

hallo 2018

JANUAR
januar 01.01.-07.01.2018 KW 01

MONTAG
HAPPY
new
year ...

DIENSTAG

MITTWOCH
o 10.00 Uhr
Brunch

MAHLZEITEN
M
D
M
D
F
S
S

AUFGABEN
☐ SPORT, SPORT, SPORT
☐ Einkaufen

Auf den folgenden
Seiten finden Sie
weitere Inspirationen
für Tages- und
Wochenplaner.

Zeichnen Sie für dieses Layout unterschiedlich große Kreise auf Ihre Seite. Als Kreisvorlage können Sie Münzen verwenden, die Sie auf die Seite auflegen und mit Bleistift umranden. Schattieren Sie die Luftblasen zusätzlich, das lässt sie plastischer wirken.

WOCHE 26   25.06 - 01.07.18   BYE BYE JUNI

- montag
- donnerstag
- dienstag
- freitag
- mittwoch
- wochenende

Wenn Sie die Planeten und Sterne für Ihr Layout verwenden möchten, können Sie diese frei Hand zeichnen. Die Linien müssen dabei nicht akkurat sein, das verleiht dem Layout besonderen Charme.

Juli — endlich Ferien

23.07. - 29.07.2018

- 23.
- 26.
- 24.
- 27.
- 25.
- 28.
- 29.

Auf der Vorlagenseite 139 finden Sie weitere Icons, die Sie zur Verzierung Ihrer Layouts verwenden können.

VORLAGEN

GRUNDANLEITUNG

Vorlagen übertragen

1 Legen Sie ein Stück Transparentpapier auf die Vorlage und fixieren Sie es mit einer Büroklammer. Anschließend zeichnen Sie die Umrisse mit einem weichen Bleistift (B oder 2B) nach.

2 Das Transparentpapier wenden und die Umrisse der Vorlage nochmals kräftig nachfahren.

3 Wenden Sie das Transparentpapier erneut und legen Sie es auf der entsprechenden Seite in Ihrem Notizbuch auf. Fahren Sie die Konturen der Vorlage ein weiteres Mal nach. Auf diese Weise überträgt sich der auf der Rückseite haftende Bleistiftgrafit auf das Papier.

Seite	Thema
	Inhaltsverzeichnis, S. 20/21

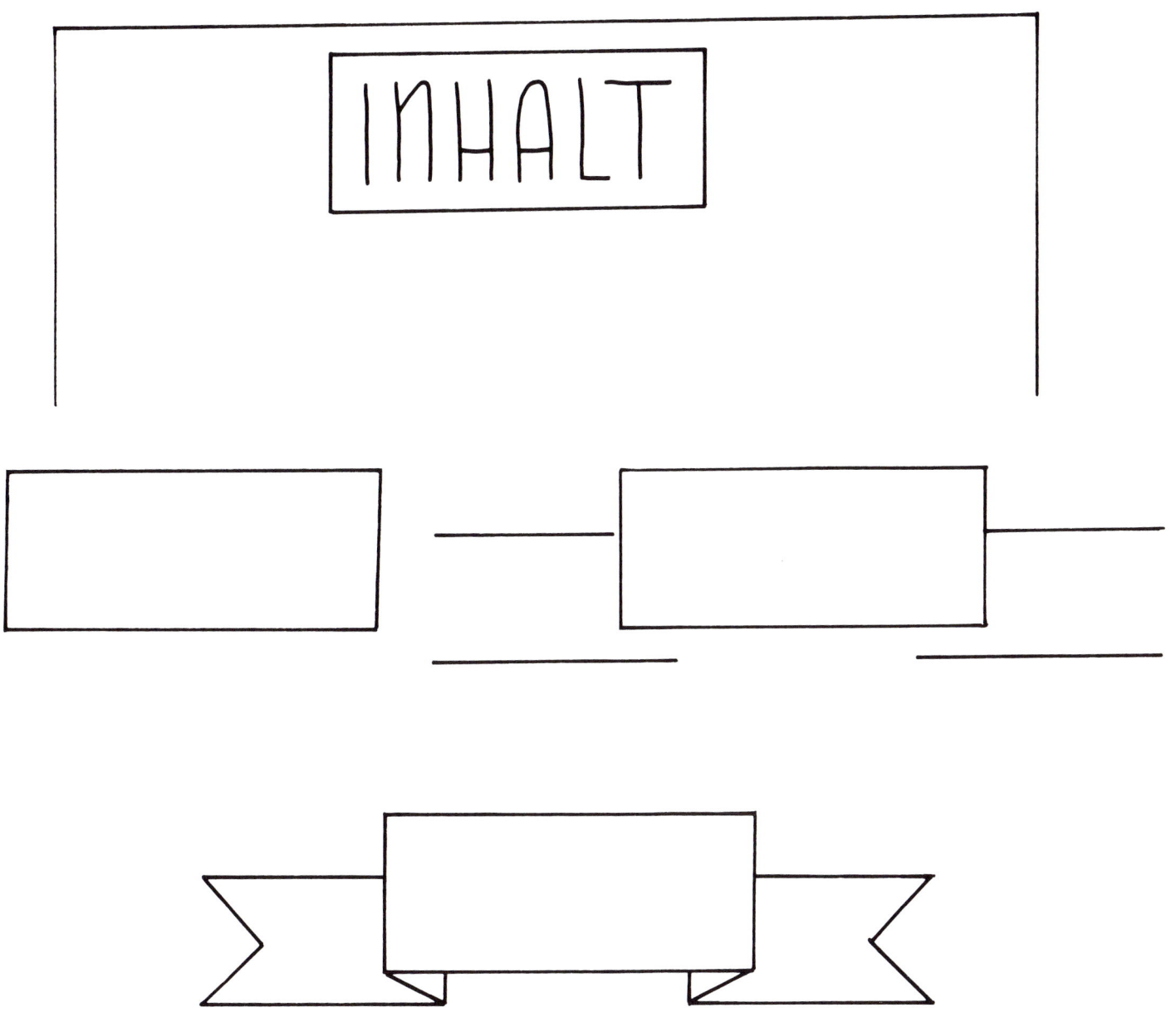

VORLAGEN

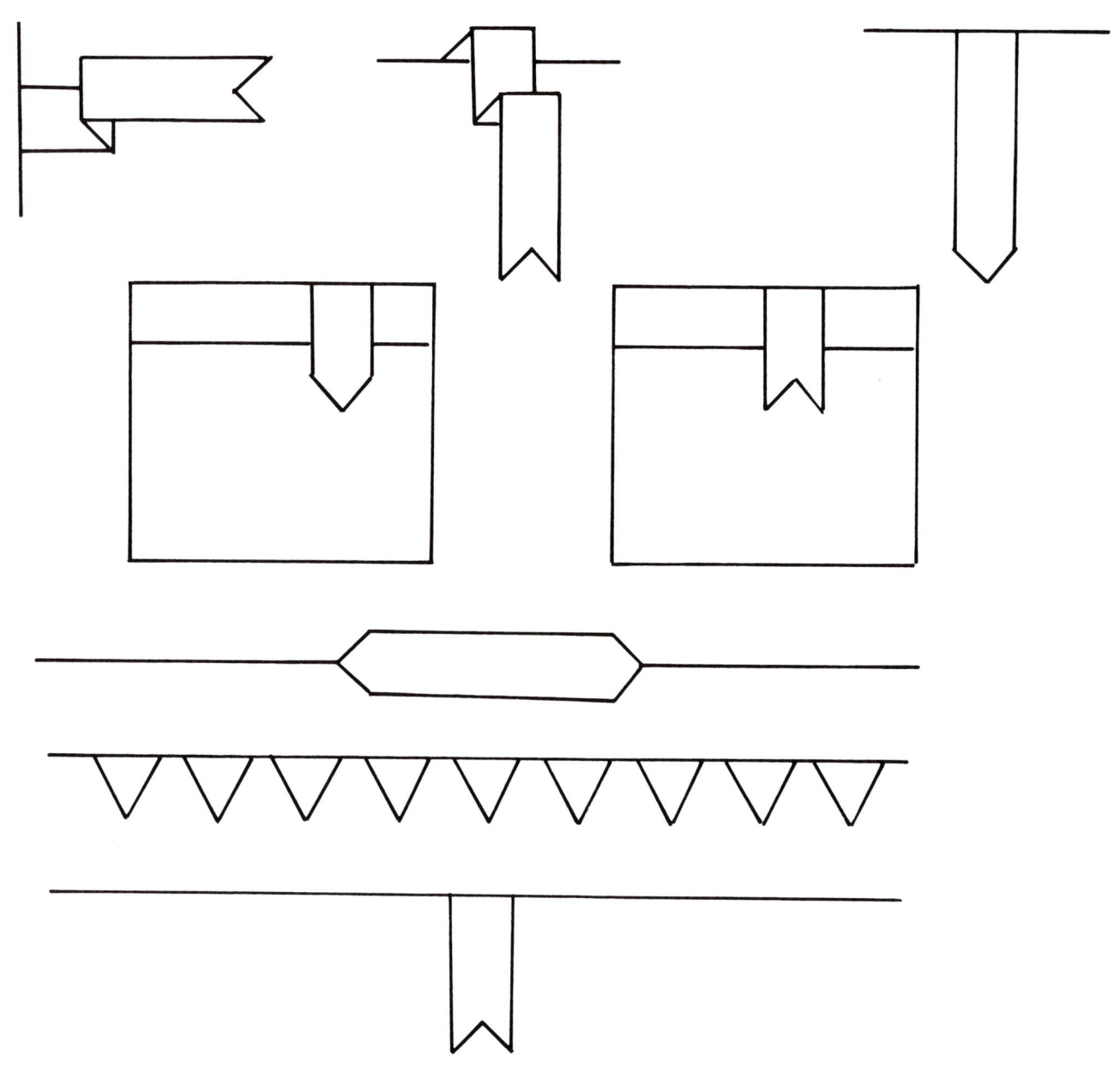

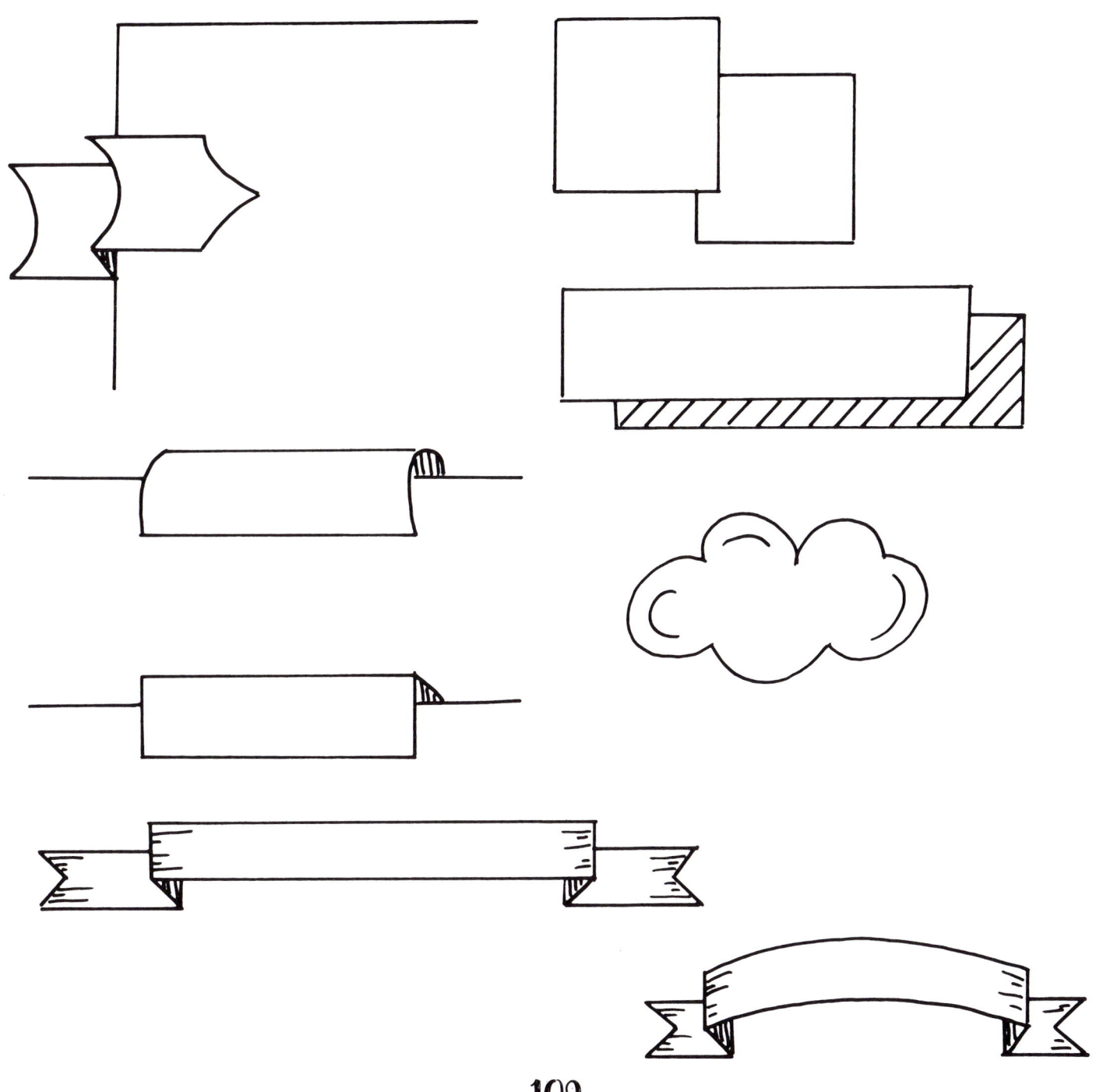

VORLAGEN

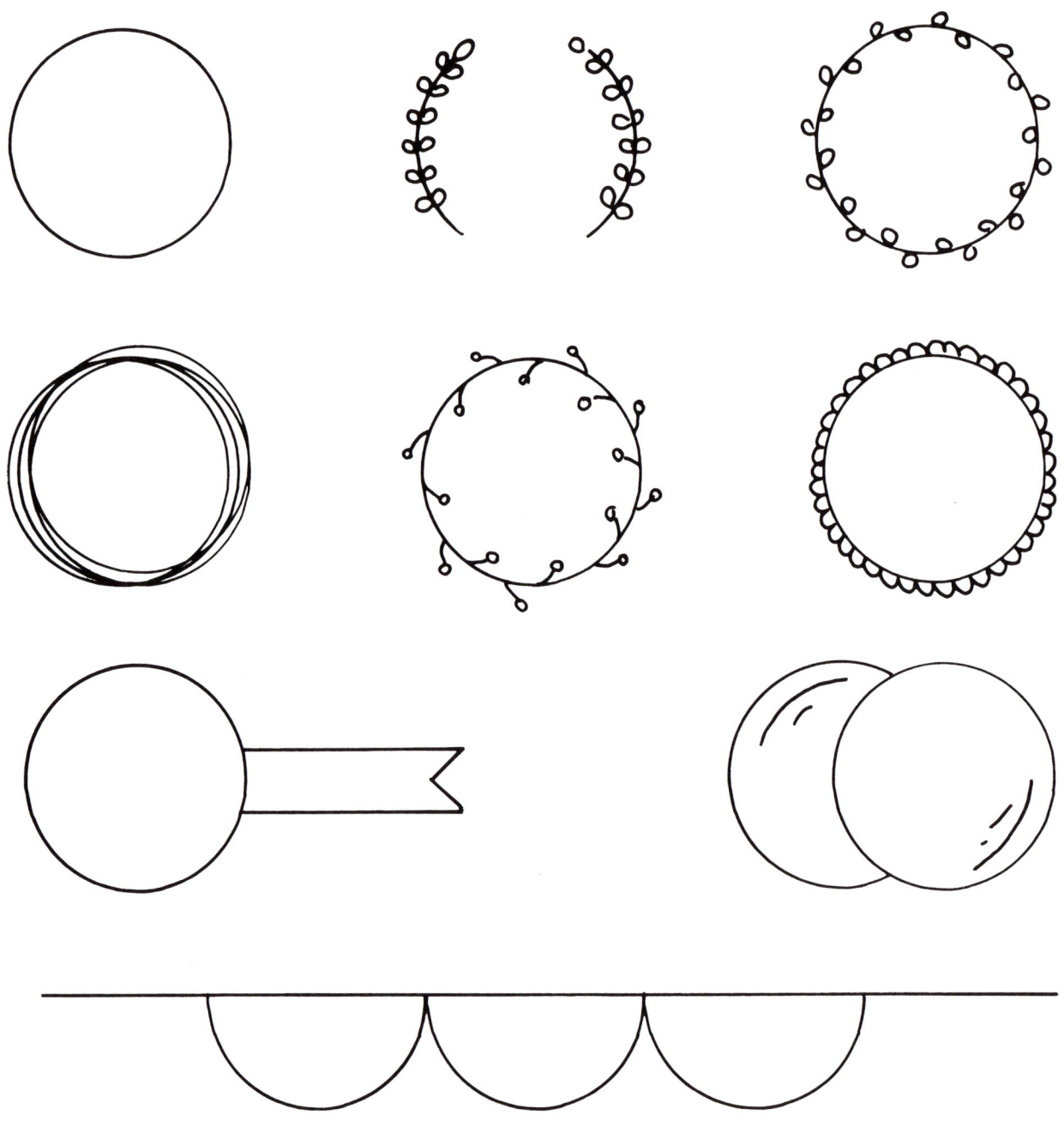

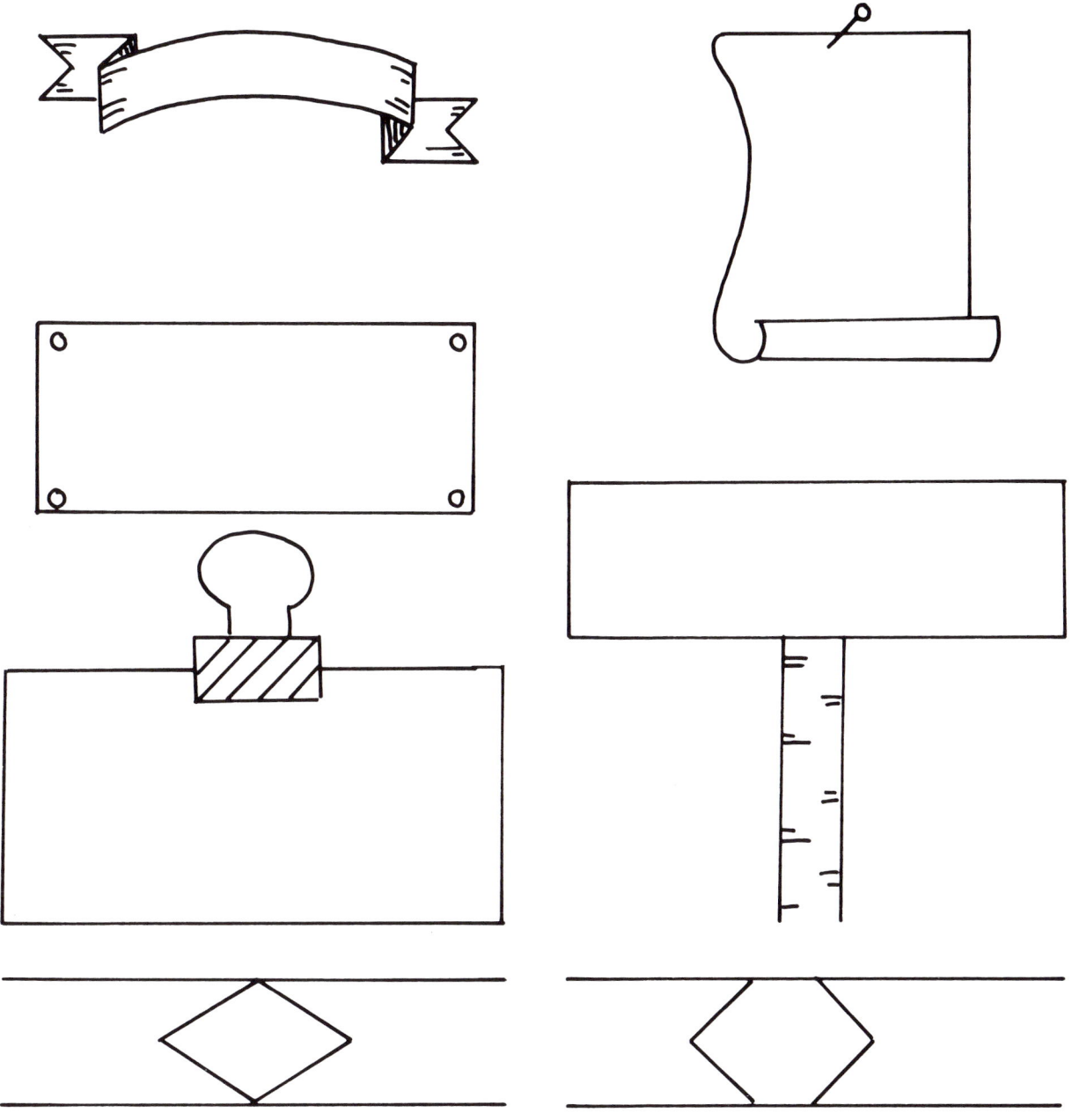

VORLAGEN

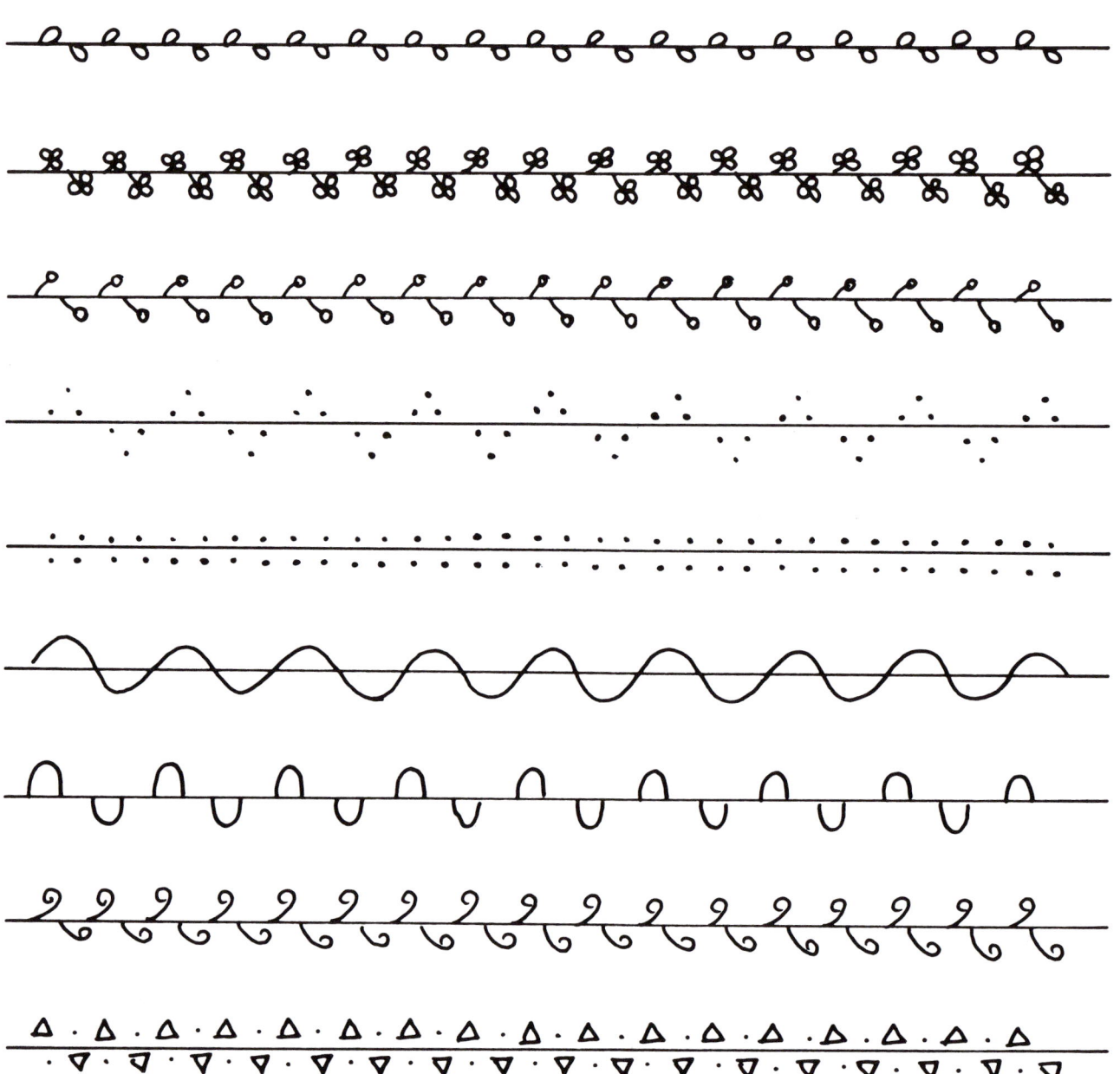

VORLAGEN

Die Legende,
S. 22-23

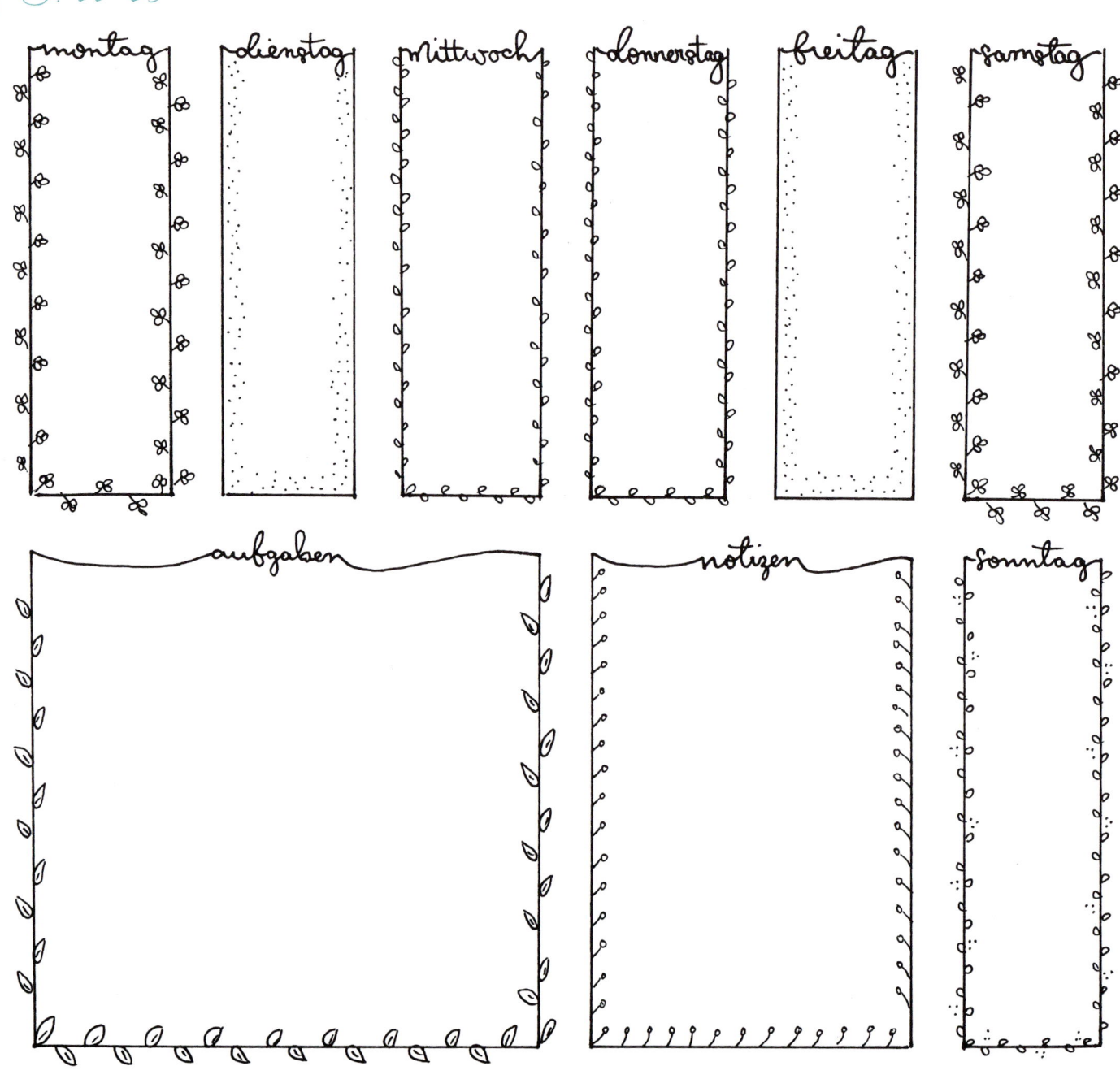

legende

VORLAGEN

Die Jahresübersicht,
S. 26/27

MÄR

M	T	W	T	F	S	S
				1	2	3 4
5	6	7	8	9	10	11
12	13	14	15	16	17	18
19	20	21	22	23	24	25
26	27	28	29	30	31	

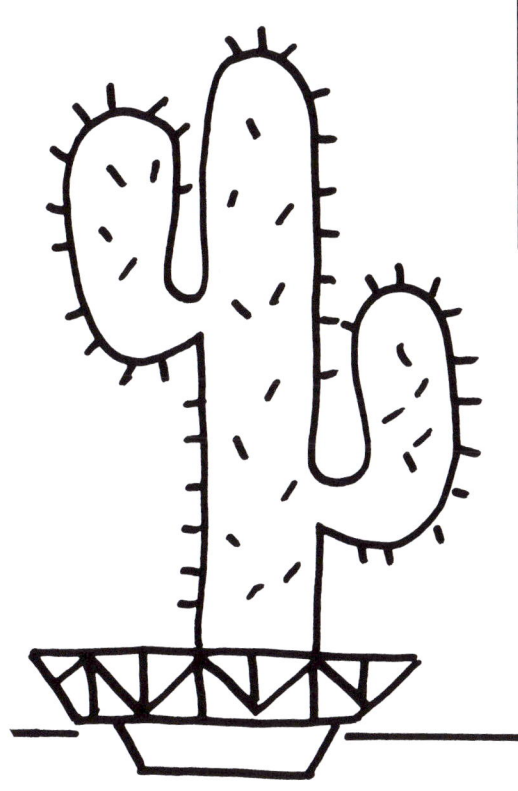

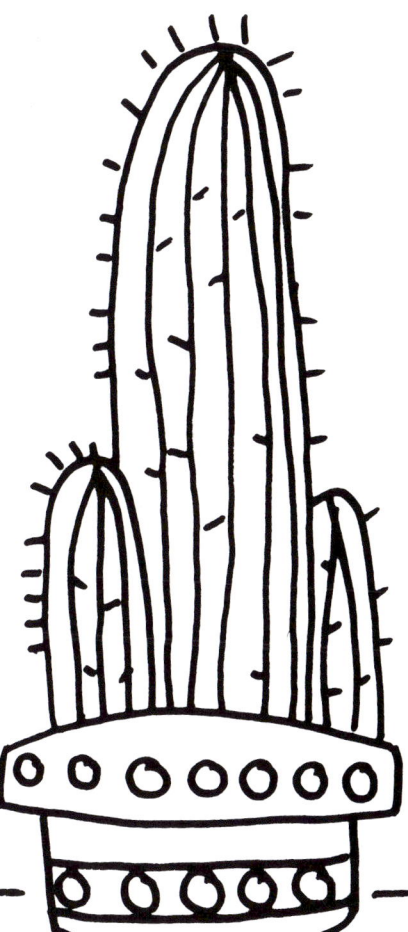

VORLAGEN

Die Monatsübersicht,
S. 30–34

Schrift Stil 1

a b c d e f

g h i j k

l m n o p q

r s t u v

w x y z

VORLAGEN

Schrift Stil 2

Aa	Gg	Mm	Ss
Bb	Hh	Nn	Tt
Cc	Ii	Oo	Uu
Dd	Jj	Pp	Vv
Ee	Kk	Qq	Ww
Ff	Ll	Rr	Xx

a b c d e f
g h i j k
l m n o p q
r s t u v
w x y z

VORLAGEN

Schrift Stil 3,
S. 64/65

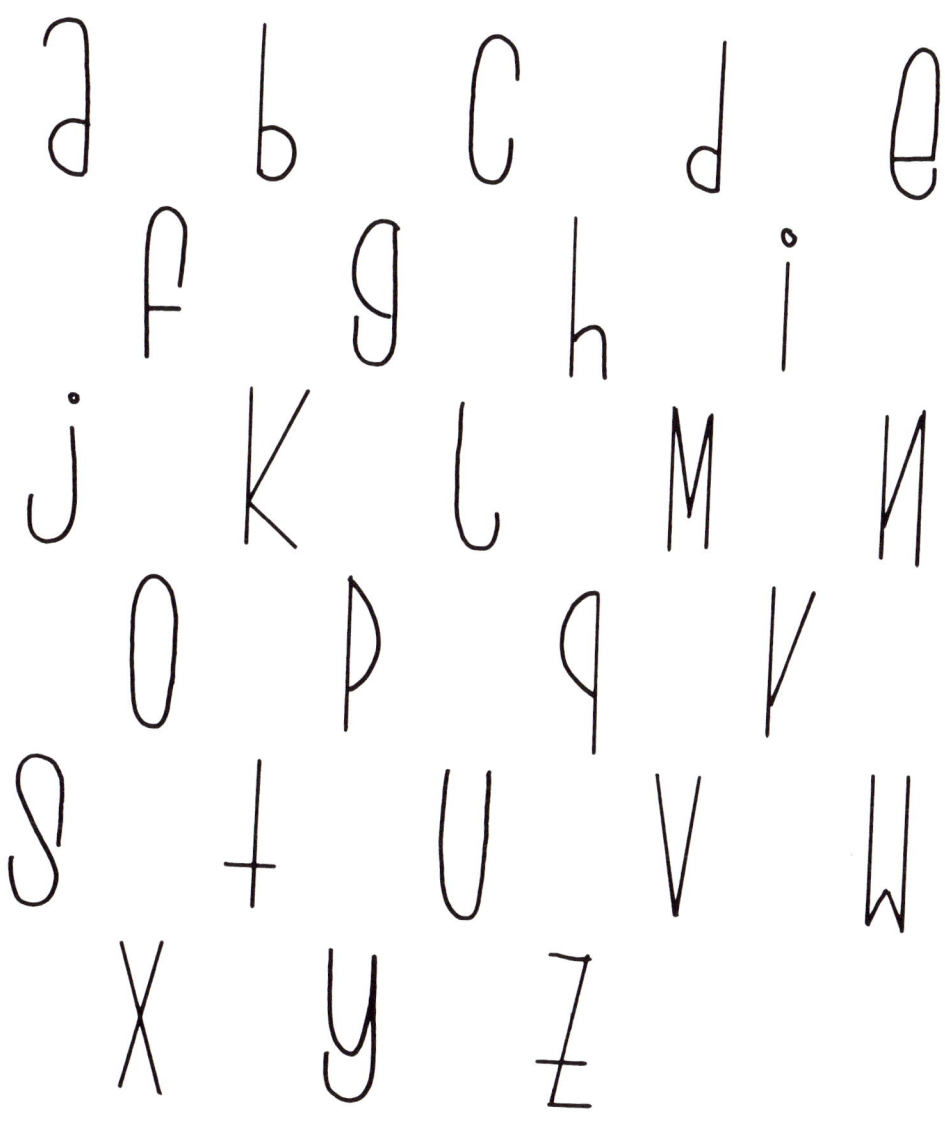

VORLAGEN

Die Wochenübersicht,
S. 34/35

Montag
MONTAG

dienstag
DIENSTAG

mittwoch
MITTWOCH

donnerstag
DONNERSTAG

freitag
FREITAG

samstag
SAMSTAG

sonntag
SONNTAG

woche
WOCHE

wochenende
WOCHENENDE

Montag
Dienstag
Mittwoch
Donnerstag
Freitag
Wochenende

woche
hallo 2018

Die Tagesübersicht,
S. 38-41

01. Januar 2018

☐ ☐ ☐ ☐ ☐ ☐ ☐
M D M D F S S

6
7
8
9
10
11
12
13
14
15
16
17
18
19
20
21
22

VORLAGEN

Der Gewohnheits-Tracker,
S. 44-47

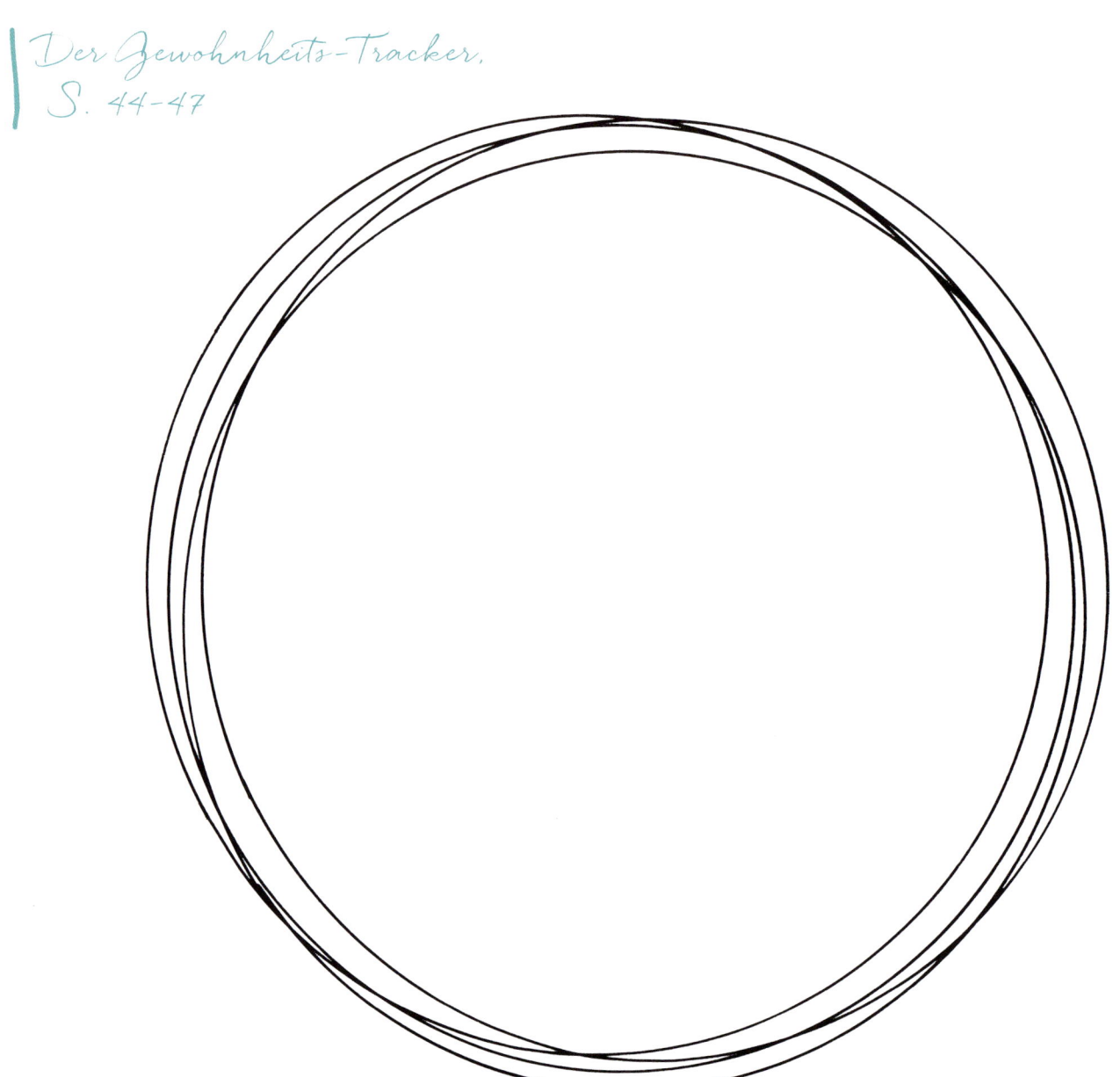

Jahr   Jahr

Januar Tracker

VORLAGEN

Der Gefühls-Tracker,
S. 48–50

Gedanken

Gefühle

Schicksal

MEINE GEFÜHLE IM Januar

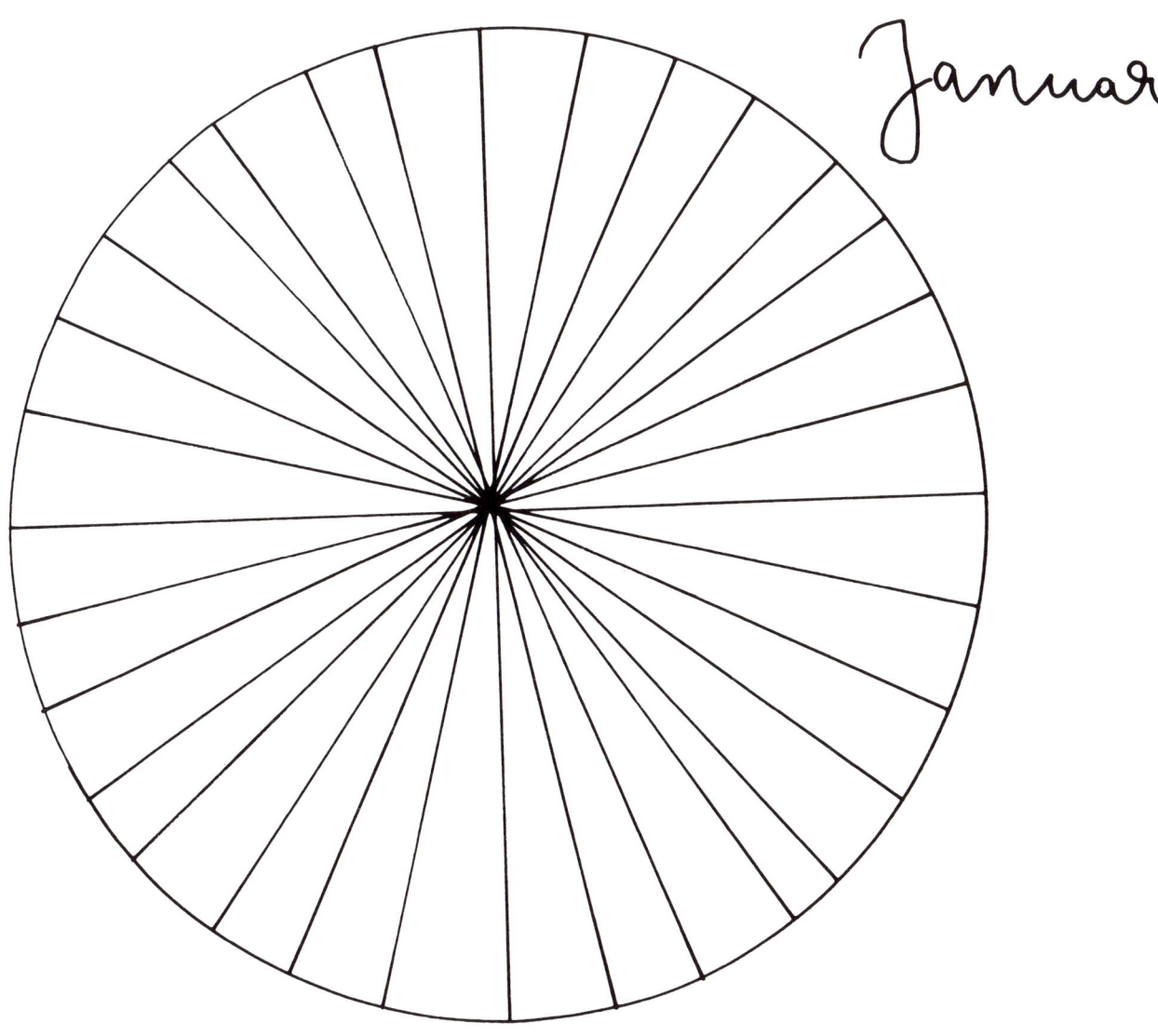

VORLAGEN

Der Schlaf-Tracker,
S. 52–55

WENN WIR *träumen,* BETRETEN WIR EINE *Welt*

DIE GANZ UND GAR UNS GEHÖRT.
J. K. Rowling

ICH bRAUCHE mEINEN SCHÖNHEITSSCHLAF

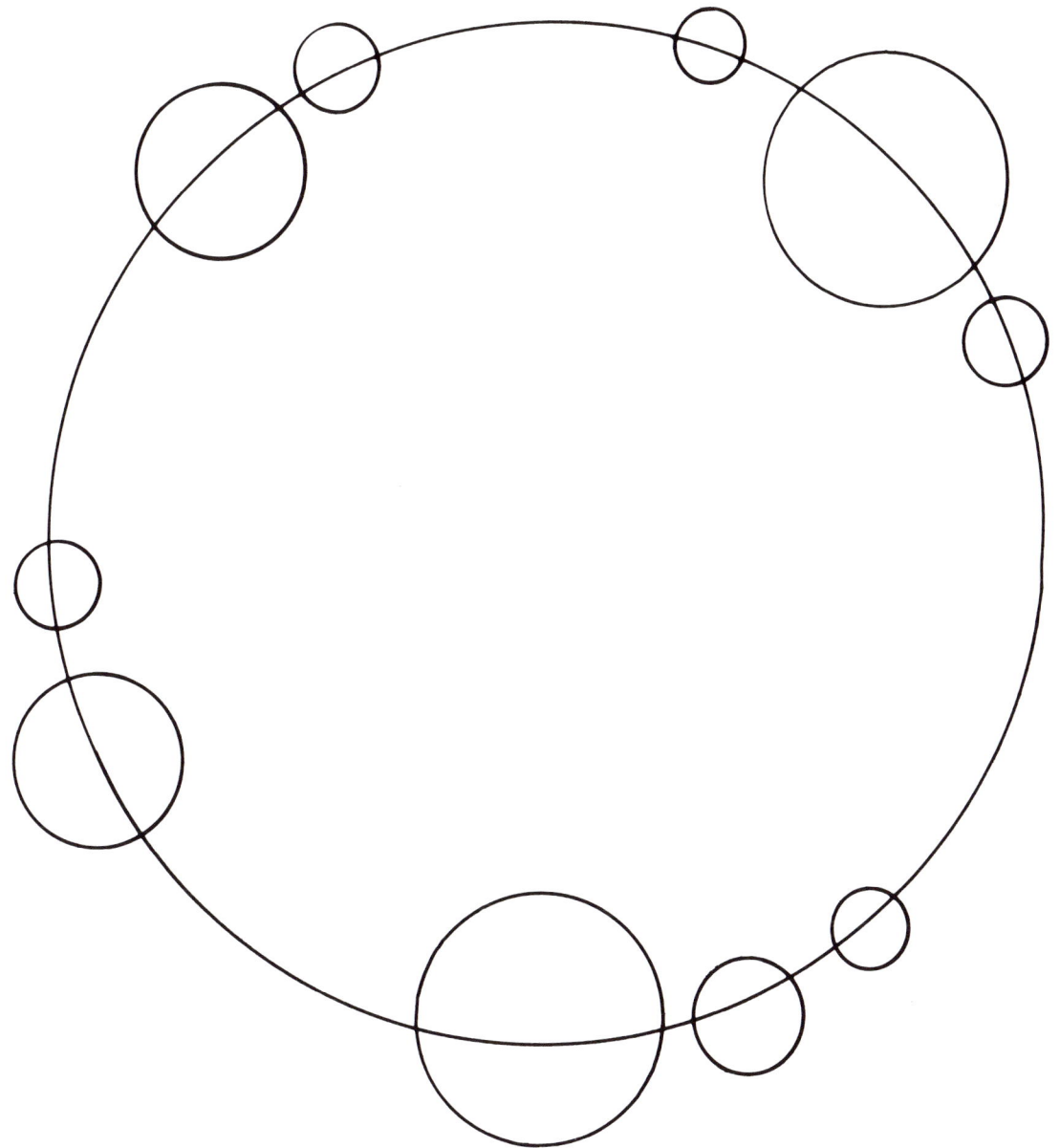

VORLAGEN

7 Tage voller Achtsamkeit, S. 56-59

7 TAGE VOLLER

ACHTSAMKEIT

ES GIBT VIELE

WEGE

ZUM

Glück

Der Gewichts-Tracker,
S. 60-63

Mein Ziel 2018

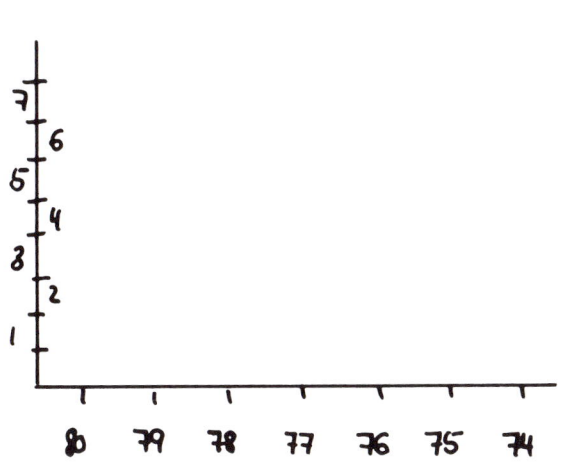
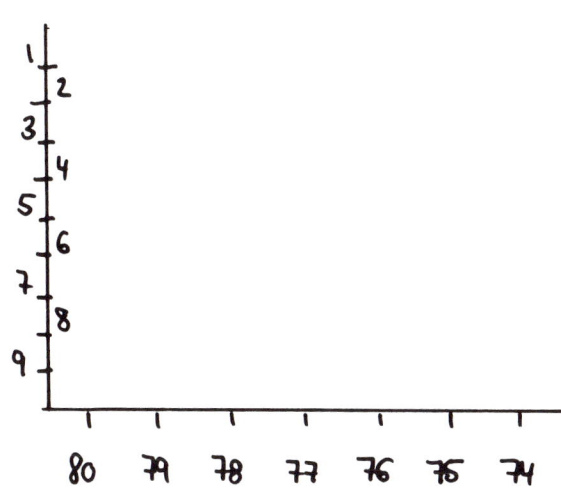

VORLAGEN

*Die Finanzübersicht,
S. 66/67*

| Die Urlaubsplanung,
| S. 70-74

URLAUB 2018

antalya

VORLAGEN

Der Geburtstagskalender,
S. 80/81

GEBURTSTAGSübersicht

| januar | februar | märz |

| april | mai | juni |

≷ It's BirthdayTime ≶

Adressen

Die Adressliste,
S. 78-79

_____
Name
Adresse
Telefon   Handy
Mail

Der Bücher-
Tracker,
S. 82/83

VORLAGEN

Weihnachts-Countdown und -geschenke, S. 84–87

vier Wochen bis Weihnachten

Geschenke Liste

Zu S. 23

VORLAGEN

Materialien,
S. 6–11

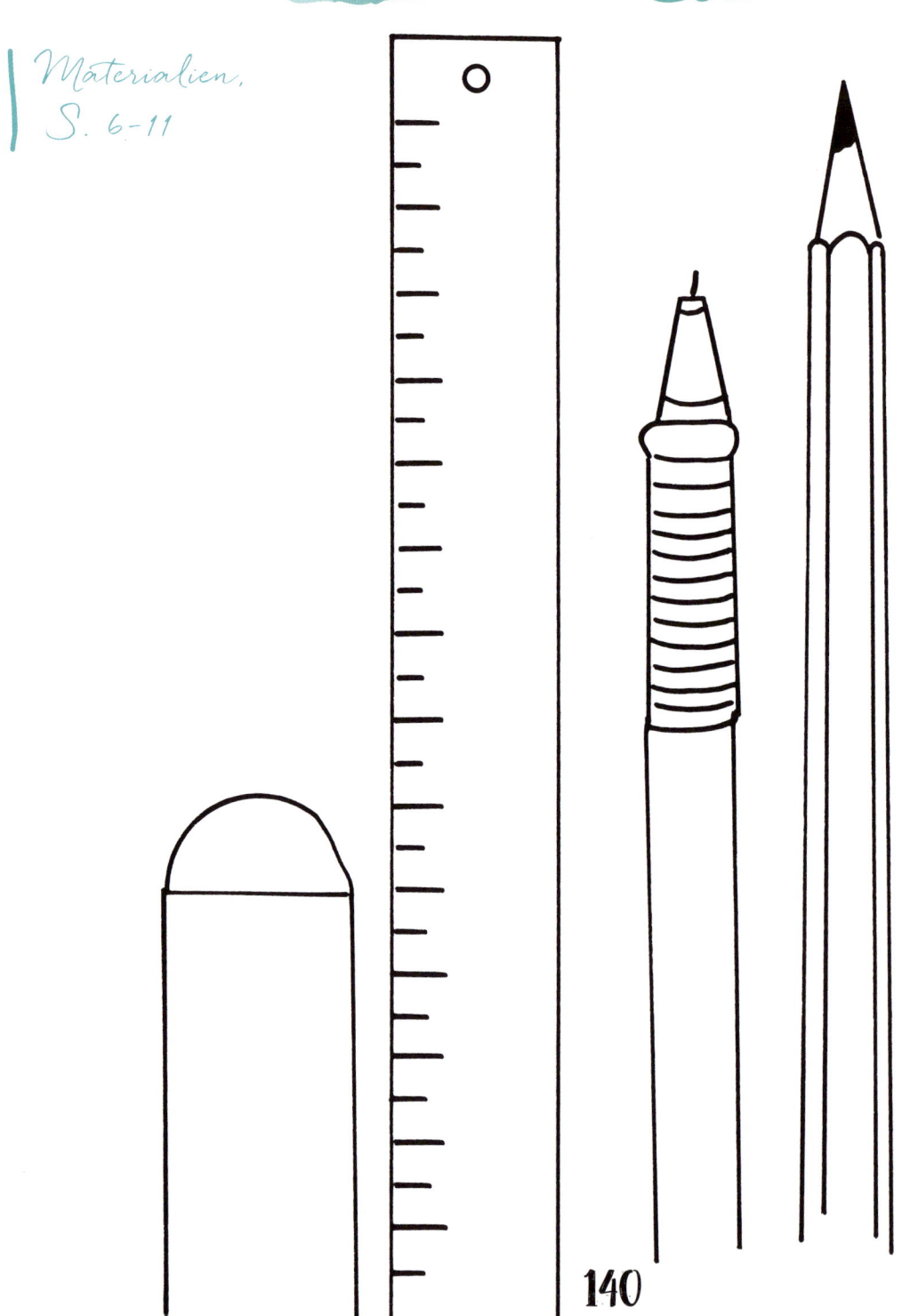

140

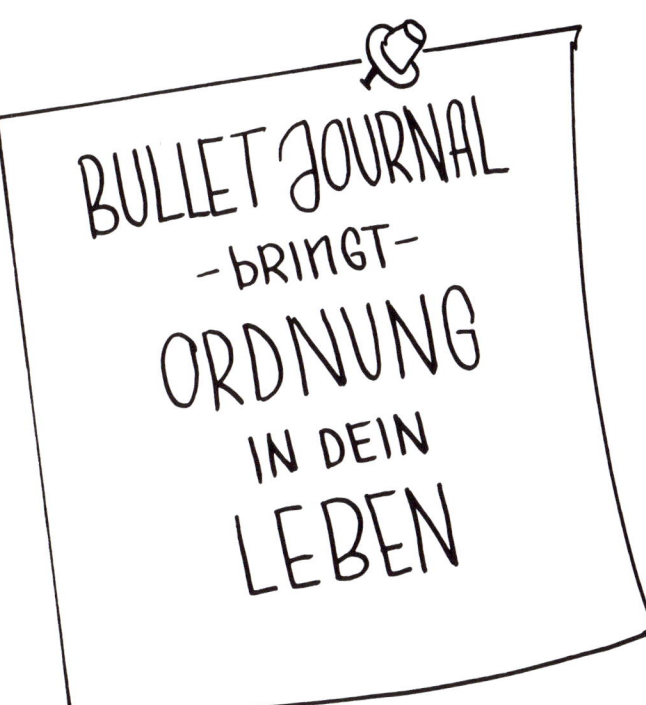

Buchempfehlungen für Sie

TOPP 7788
ISBN 978-3-7724-7788-1

TOPP 4339
ISBN 978-3-7724-4339-8

TOPP 7803
ISBN 978-3-7724-7803-1

TOPP 7827
ISBN 978-3-7724-7827-7

TOPP 7804
ISBN 978-3-7724-7804-8

TOPP 7806
ISBN 978-3-7724-7806-2

TOPP 7818
ISBN 978-3-7724-7818-5

TOPP 7860
ISBN 978-3-7724-7860-4

TOPP 7823
ISBN 978-3-7724-7823-9

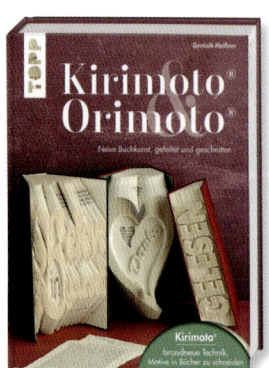

TOPP 7809
ISBN 978-3-7724-7809-3

TOPP 7822
ISBN 978-3-7724-7822-2

TOPP 7861
ISBN 978-3-7724-7861-1

Kreativ-Bücher finden Sie auf www.TOPP-kreativ.de

Weitere Ideen zum Selbermachen gesucht?

Lieblingsstücke von einfach bis einfach genial finden Sie bei TOPP! Lassen Sie sich auf unserer Verlagswebsite, per Newsletter oder in den sozialen Netzwerken von unserer Vielfalt inspirieren!

Website
Verlockend: Welcher Kreativratgeber soll es für Sie sein? Schauen Sie doch auf **www.TOPP-kreativ.de** vorbei & stöbern Sie durch die neusten Hits der Saison!

TOPP-Autoren
Sie wollen wissen, wer die „Macher" unserer Bücher sind? Wer Ihnen nützliche Tipps & Tricks gibt? Auf **www.TOPP-kreativ.de/Autor** warten jede Menge spannender Infos zum jeweiligen Autor auf Sie. Finden Sie heraus, welches Gesicht hinter Ihrem Lieblingsbuch steckt!

Facebook
Werden Sie Teil unserer Community & erhalten Sie brandaktuelle Informationen rund ums Handarbeiten auf **www.Facebook.com/Mitstrickzentrale**
Wer sich für Basteln, Bauen, Verzieren & Dekorieren interessiert, ist auf **www.Facebook.com/Bastelzentrale** genau richtig!

Pinterest
Sie sind auf der Jagd nach den neusten Trends? Sie suchen die besten Kniffe? Die schönsten DIY-Ideen? All' das & noch vieles mehr gibt es von TOPP auf **www.Pinterest.com/Frechverlag**

Newsletter
Bunt, fröhlich & überraschend: Das ist der TOPP-Newsletter! Melden Sie sich unter: **www.TOPP-kreativ.de/Newsletter** an & wir halten Sie regelmäßig mit Tipps & Inspirationen über Ihr Lieblingshobby auf dem Laufenden!

Extras zum Download in der Digitalen Bibliothek
Viele unserer Bücher enthalten digitale Extras: Tutorial-Videos, Vorlagen zum Downloaden, Printables & vieles mehr. Dieses Buch auch? Dann schauen Sie im Impressum des Buches nach. Sofern ein Freischaltcode dort abgebildet ist, geben Sie diesen unter **www.TOPP-kreativ.de/DigiBib** ein. Nach erfolgreicher Registrierung erhalten Sie Zugang zur digitalen Bibliothek & können sofort loslegen.

YouTube
Sie wollen eine ganz neue Technik ausprobieren? Sie arbeiten an einem spannenden Projekt, aber wissen nicht weiter? Unsere Tutorials, Werbetrailer, Interviews & Making Of's auf **www.YouTube.com/Frechverlag** helfen Ihnen garantiert dabei, den passenden Ratgeber von TOPP zu finden.

Instagram
Sie sind auf Instagram unterwegs? Super, TOPP auch. Folgen Sie uns! Sie finden uns auf **www.Instagram.com/Frechverlag**
Möchten Sie uns an Ihrem Lieblingsprojekt teilhaben lassen? Am besten posten Sie gleich ein Foto mit dem Hashtag **#frechverlag** & wir stellen Ihr Werk gerne unserer Community vor – yeah!

Alles in einer Hand gibt's hier:

Kreativ-Bücher finden Sie auf www.TOPP-kreativ.de

HAPPYLIEE alias Nathalie Güllü ist im echten Leben Sozialpädagogin und lebt mit Mann und zwei Kindern in Nürtingen. Schon als Kind liebte sie Buchstaben und stieß 2016 auf Instagram auf die Welt des Handletterings. Seitdem vergeht kaum ein Tag, an dem sie nicht die Kunst des schönen Schreibens ausübt. Auf ihrer Website bietet sie DIY-Tutorials zu den Themen Bullet Journal und Handlettering an.

Kreativ-Hotline

Hilfestellung zu allen Fragen, die Materialien und Bücher zu kreativen Hobbys betreffen:
Frau Erika Noll berät Sie. Rufen Sie an oder schreiben Sie eine E-Mail!

Telefon: 0 50 52 / 91 18 58*

*normale Telefongebühren

E-Mail: mail@kreativ-service.info

Impressum

MODELLE: Natalie Güllü
FOTOS: frechverlag GmbH. 70499 Stuttgart; lichtpunkt, Michael Ruder, Stuttgart
PRODUKTMANAGEMENT UND LEKTORAT: Lara Schaufler
GESTALTUNG: Katrin Röhlig und Dagmar Herrmann, two-up
DRUCK UND BINDUNG: Livonia Print SIA, Lettland

Materialangaben und Arbeitshinweise in diesem Buch wurden von der Autorin und den Mitarbeitern des Verlags sorgfältig geprüft. Eine Garantie wird jedoch nicht übernommen. Autorin und Verlag können für eventuell auftretende Fehler oder Schäden nicht haftbar gemacht werden. Das Werk und die darin gezeigten Modelle sind urheberrechtlich geschützt. Die Vervielfältigung und Verbreitung ist, außer für private, nicht kommerzielle Zwecke, untersagt und wird zivil- und strafrechtlich verfolgt. Dies gilt insbesondere für eine Verbreitung des Werkes durch Fotokopien, Film, Funk und Fernsehen, elektronische Medien und Internet sowie für eine gewerbliche Nutzung der gezeigten Modelle. Bei Verwendung im Unterricht und in Kursen ist auf dieses Buch hinzuweisen.

DANKE
Wir danken den Firmen PAPIERPROJEKT, Nürtingen, www.papierprojekt.de, edding Vertriebs GmbH, Wunstorf, www.edding.com und Rayher Hobby GmbH, Laupheim, www.rayher-hobby-shop.de für die freundliche Bereitstellung der Materialien.

4. Auflage 2019
© 2018 **frechverlag** GmbH, Turbinenstraße 7, 70499 Stuttgart
ISBN 978-3-7724-7805-5 • Best.-Nr. 7805

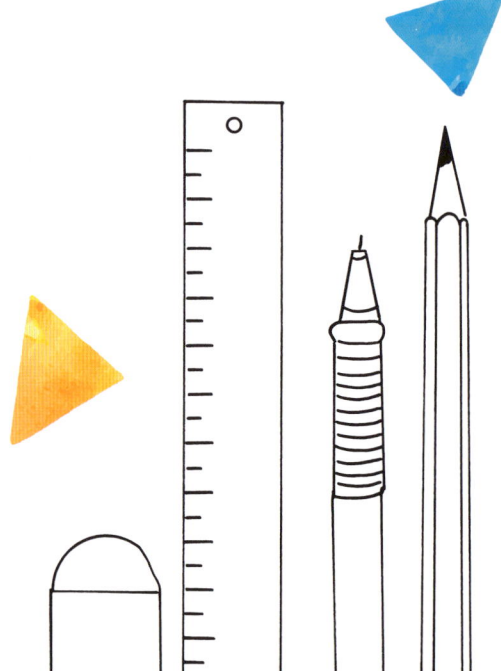

ZIEL

TERMINE

TAGEBUCH

FREIHEIT   All-in-one System

FREIHEIT

SPAß

PRODUKTIVITÄT

GEDANKEN